Lippe

KANU KOMPAKT

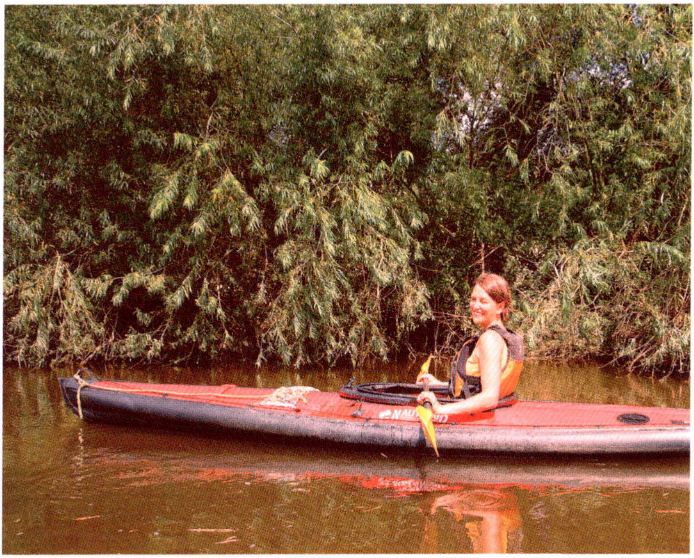

Mitten im Grün. Die Lippe bietet ein Naturerlebnis wie kaum ein anderer deutscher Fluss.

Impressum

2. aktualisierte Auflage 2023

Von-Hutten-Str. 15
D-22761 Hamburg
Tel. +49 (40) 39 10 99 10
www.thomas-kettler-verlag.de
www.kanubuch.de

Text & Fotos: Stefan Schorr
Titelfoto: *Auf der Lippe bei Werne,* Frank Schröer
Fotos Rückumschlag: Stefan Schorr, Frank Schröer
Lektorat & Textergänzung: Thomas Kettler

Recherche & Textergänzung 2. Auflage: Carola Hillmann
Danke an Frank Schröer für die Korrekturen und Fotos für die 2. Auflage

Konzept, Layout & Satz: Carola Hillmann
Wasserwanderkarten: Jübermann - Kartographie u. Verlag, Carola Hillmann
Stadtpläne & Umschlagkarten: Stepmaps, Heide Schwinn
Illustration: Ann-Sophie Ränger, Carola Hillmann
Lektorat Kanufahrschule: Klaus Mumm, Falk Bruder

Druck & Gesamtherstellung: LEGRA Sp. z o.o., Krakau

Weitere Bildnachweise (o. = oben, m. = mitte, u. = unten):
Thomas Kettler: Seite 7 o., 7 u., 11, 27 o., 28 o., 28 u., 32, 33, 44 o., 44 u., 45, 56 u., 72 o., 73, 90, 94, 97 o., 98 o., 99 u., 100.
Frank Schröer: Titelfoto, Seite 6, 23 o., 34, 48, 49 o., 55, 59, 60, 63 u., 74.
©2022 paddeln-macht-spass.de: Seite 9

Bildnachweise via Wikimedia Commons (o. = oben, m. = mitte, u. = unten):
Seite 21, 57, 76 o.: **Dietmar Rabich, rabich.de**
Seite 64 u.: **Matthias Böhm (Eigenes Werk)**
Seite 81: **Alexis Lours**

Bibliografische Information der Deutschen Nationalbibliothek
sind im Internet über *http://dnb.d-nb.de* abrufbar.

ISBN 978-3-98513-103-7

Infos zum Kanufahren, zur Region und zur Lippe

15 Tagestouren auf der Lippe

Adressen

Weiteres

Vorwort

Die Lippe ist kein „Partyfluss", an dem ein Biergarten nach dem anderen zur Einkehr lockt oder abends auf dem Campingplatz „die Post abgeht". Vielmehr ist es in den vergangenen Jahren durch umfangreiche Renaturierungsmaßnahmen gelungen, den Fluss zu einem ganz besonderen Naturidyll werden zu lassen. Die weite Auenlandschaft bietet seltenen (Vogel-)arten wieder einen Lebensraum, den es bestmöglich zu schützen gilt.

Das bedeutet für uns Paddler, dass wir lediglich an offiziellen Rastplätzen aus den Booten und die Lippe nur in bestimmten Zeitfenstern in Flussmitte zügig und möglichst geräuschlos befahren dürfen. In dieser „exklusiven ersten Reihe" bekommt der Naturliebhaber tolle Tierbeobachtungen geboten, wie kaum an einem anderen deutschen Fluss.

Die zahlreichen Einschränkungen tragen außerdem ihren Teil dazu bei, dass wir auf dem Fluss mit einer Stille belohnt werden, die in einem solchen Ballungsraums geradezu unglaublich ist.

Durch eine schier endlose Palette an Grün-Schattierungen gleitet man durchs klare Wasser über das blauschillernde Libellen tanzen, in dem sich Fische tummeln und an dessen Ufern eine grandiose Vogel-Vielfalt zuhause ist. Persönliche Entschleunigung ist somit garantiert.

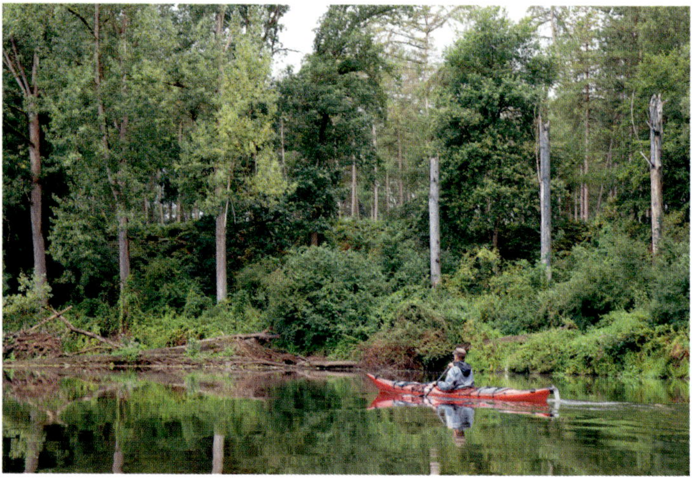

Die zahlreichen Naturschutzbestimmungen haben letztlich dafür gesorgt, dass heute echtes Wildnis-Feeling aufkommen kann

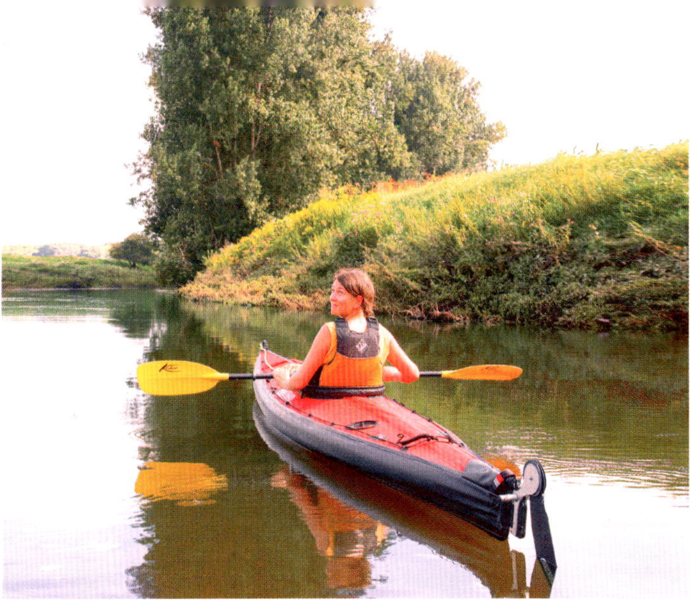

Bei den Befahrungsregeln wird zwischen Privatpaddlern, Mitgliedern örtlicher Paddelvereine und Teilnehmern kommerzieller Touren unterschieden. Dank mehrerer Veranstalter können selbst Paddel-Neulinge oder solche ohne eigenem Boot zu ihrem persönlichen Naturerlebnis starten.

Die überbordende Natur steht im spannenden Kontrast zu den vorhandenen Industriekulissen, ergänzt durch eine Vielzahl an Schlössern und anderen kulturhistorisch höchst interessanten Orten.

Da die Infrastruktur für Paddler schlechter ist als an anderen deutschen Flüssen, sind die beschriebenen Tagestouren die beste Art die Lippe zu entdecken. Aber auch jene, die sich für eine Komplettbefahrung entscheiden, finden in diesem Buch einen hilfreichen Tourenführer.

Ihr Stefan Schorr

P.S. Wir haben nach besten Wissen und Gewissen recherchiert. Durch Corona hat sich viel geändert, daher können Infos über Betriebe oder genannte Öffnungszeiten vom „Normalbetrieb" abweichen. Auch kann nicht sichergestellt sein, ob nicht inzwischen der ein oder andere Betrieb seine Tätigkeit eingestellt hat. Bitte erkundigt Euch vor Eurer Tour nochmal.

Und nicht vergessen – vielerorts empfiehlt es sich, das Bett, die Übernachtung im Wassersportverein, den Campingplatz oder die Einkehr vorab zu reservieren.

Das Kanu

Bevor es an die Planung der Tour geht, steht die Frage nach Kanu und Ausrüstung. **Kanu** ist der Oberbegriff für alle Boote ohne befestigtes Ruder, also sowohl Canadier/ Kanadier (umgangssprachlich oft Kanu genannt) als auch Kajaks.

Das **Kajak** ist oft bis auf eine kleine Sitzluke geschlossen, wird mit einem Doppelpaddel gefahren und ist besonders für kleine, schnelle Flüsse oder wegen seines windschlüpfrigen Verhaltens auch für größere Gewässer geeignet. Man ist meist schneller unterwegs als mit dem Canadier. Der Nachteil liegt darin, dass die Zuladung beschränkt, das Ein- und Aussteigen umständlich und die Sitzposition durch die Bauweise vorgegeben ist. Kajaks gibt es für ein oder zwei Personen, manchmal auch mit 3 Sitzluken, während im Canadier auch eine vierköpfige Familie Platz findet.

Der **Canadier/Kanadier** besticht durch sein großzügiges Raumangebot und das einfache Beladen, Ein- und Aussteigen. Er wird mit dem Stechpaddel gefahren und ist offen, dadurch können sich Kinder in ihm freier bewegen. Auch bieten sich im Sitzen mit angewinkelten oder gestreckten Beinen oder kniend variantenreiche Sitzpositionen, die ein ermüdungsfreieres Paddeln ermöglichen. Die größere Kippstabilität wird vom Anfänger als angenehm empfunden. Sein Nachteil liegt eindeutig bei der größeren Windanfälligkeit, die das Befahren von großen, offenen Wasserflächen mühsam oder gar gefährlich werden lassen. Doch kann er mit einer Persenning (Spritzdecke) auch spritzwasserfest und weniger windanfällig gemacht werden.

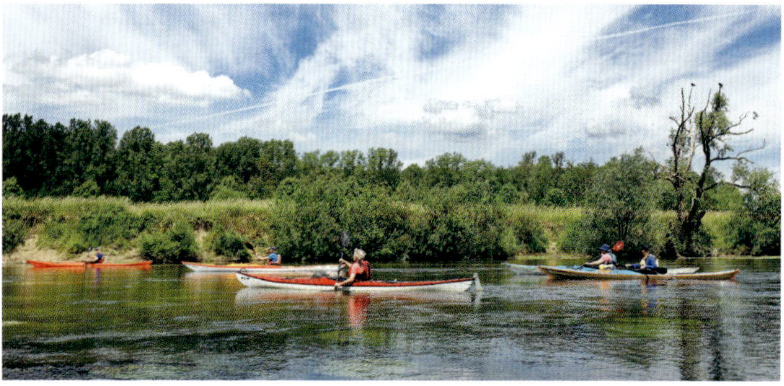

Wer sich auf dem Wasser allein nicht wohlfühlt, kann im Verein gemeinsam paddeln

Eine Sonderform sind **Faltboote** (Canadier und Kajak). Sie können für das gleiche Tourenspektrum eingesetzt werden wie feste Boote, lassen sich durch das kompakte Packmaß im unaufgebauten Zustand aber leichter transportieren (z.B. auch mit der Bahn) und nehmen in der Garage oder auf dem Dachboden weniger Platz weg.

Schlauchboote (Luftboote) – in Canadier- oder Kajakform – sind in der Regel relativ langsam und laufen nur mäßig geradeaus, sodass sie für längere Touren auf Wanderflüssen nur bedingt geeignet sind. Sie sind für mittelschweres Wildwasser konzipiert.

Tipp: Wer mit dem Canadier unterwegs ist und auch an Land mobil sein möchte („Zurück zum Pkw"), sollte in Erwägung ziehen, ein Faltrad mitzunehmen. Durch optimierte Falt-Scharniere wird aus dem Fahrrad innerhalb weniger Sekunden ein kleines, handliches Paket.

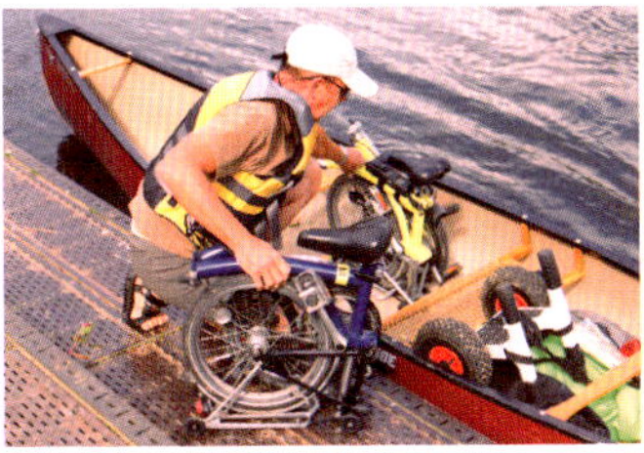

Zum notwendigen Zubehör gehören:

- **Paddel.** *Doppelpaddel* sollten eine Länge von ca. 220–240 cm haben, während das im Canadier verwendete *Stechpaddel* beim Stehen bis unters Kinn reichen sollte. Für Kinder darf es ruhig etwas länger sein. Kunststoffpaddel sind zwar pflegeleichter als Holzpaddel, die aber sind vom Material her sympathischer.

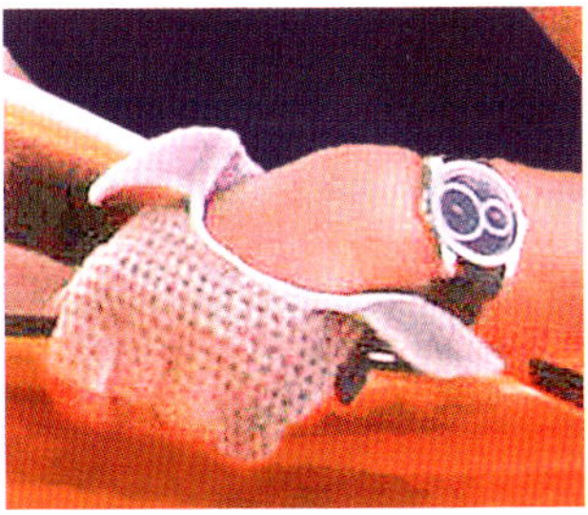

Tipp: Paddel- oder einfache Radhandschuhe schützen empfindliche Hände vor Blasen.

- **Reservepaddel.** Muss in jedem Kanu griffbereit, aber sicher befestigt vorhanden sein. Noch wichtiger ist dies bei Solopaddlern, da sie manövrierunfähig werden, wenn das Paddel über Bord geht.
- **Rettungsweste.** Kein Kind darf ohne ohnmachtssichere Rettungsweste ins Boot. Sie hat einen Kragen, der den Kopf über Wasser hält und so wirklich vor dem Ertrinken schützt.
- **Schwimmweste.** Jeder Erwachsene sollte sie tragen (auch als Vorbildfunktion). Wie die Rettungsweste auch, muss sie dem Körpergewicht des Trägers angepasst sein.

- **Wurfsack.** Zum Retten eines Schwimmers vom Ufer aus. Der Nylonbeutel mit einem Auftriebselement und etwa 20 Meter Seil ist immer dabei, egal ob Wildwasser oder Wanderfahrt.

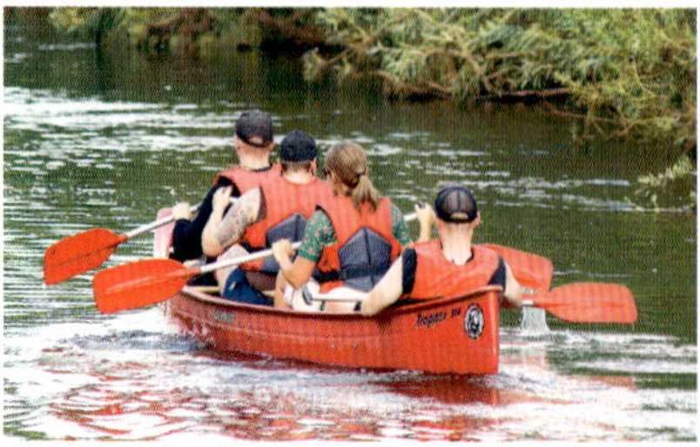

Das Tragen einer Schwimmweste sollte selbstverständlich sein

- **Bootswagen.** Ist für längere Landtransporte unverzichtbar. Wer sich einen zulegt, sollte gleich auf gute Verarbeitung achten. Er muss stabil, das Rohrgestell verschweißt statt genietet und zusammenklappbar sein, breite Räder und eine Stütze haben, so dass er auch von nur einer Person beladen werden kann.
- **Praktisches:**
  - ***Leinen*** zum Anbinden und Halten des Kanus.
  - ***Spanngurte*** zum Festzurren der Gepäck-Säcke und -Tonnen im Kanu.
  - Ein ***Schwamm*** zum Säubern und „Entwässern" des Kanus.
  - Ein ***Schloss*** (z. B. Spiralfahrradschloss) zum Sichern des Kanus am Ufer bei Besichtigungen oder festen Unterkünften.
  - Eine ***wasserdichte Kartentasche*** mit Befestigung am Boot.
  - ***Kniepolster /-matte*** aus geschlossenporigem Schaumstoff fürs knieende Paddeln im Canadier.
  - ***Reparaturzeug***. Dazu gehören: wasserfestes Duck Tape-Klebeband (klebt fast alles), Mehrzwecktaschenmesser oder Tool mit Schraubenzieher, Kombizange und Reparaturset fürs Kanu.

Kanu mieten

Zu Anfang ist es sinnvoll, sich ein Kanu zu mieten. Daher nennen wir in diesem Buch Kanuvermieter und Tourenveranstalter.

Idealerweise ist bei der Auswahl eines Veranstalters darauf zu achten, dass er Mitglied im ***Bundesverband Kanu e. V.*** (BVKanu) ist. Die Mitglieder garantieren Qualität und qualifizierte Mitarbeiter, Sicherheit und fachkundige Einweisung sowie einen Einsatz für den Naturschutz im Kanutourismus.

Auch das ***Qualitätssiegel QMW Kanu*** steht für besonders gute Qualität und Sicherheit bei Anbietern.

„Paddeln macht Spass“

In Kooperation mit Sponsoren zeigt das Team um Lars Thierling die Vielfalt von Camping & Kanusport.

Das Team von „Kanu & SUP on Tour – Paddeln macht Spass“ ist jedes Jahr 3 Wochen deutschlandweit unterwegs und besucht 8 Campingplätze, die in den schönsten Orten Deutschlands am Wasser gelegen sind.

Sie informieren Probepaddler über den Wassersport, Kleidung, Zubehör und Destinationen und bieten kostenloses Kanu-, Kajakfahren und Stand Up Paddling an. Termine und Infos: www.paddeln-macht-spass.de

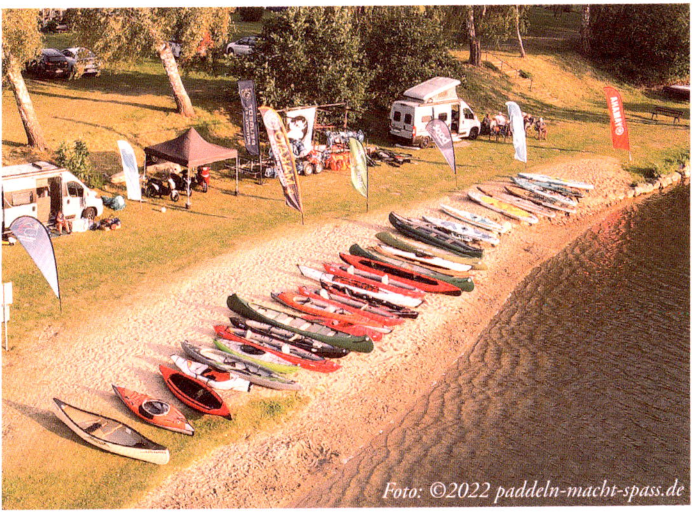

Paddeln macht Spass – Probepaddeln auf dem Campingplatz

Vereinsmitgliedschaft

Kanufahren zeichnet sich zwar durch Individualität aus, aber nicht immer fühlt man sich alleine auf dem Wasser wohl.

Die Mitgliedschaft im ***Deutschen Kanu-Verband (DKV)***, auch als nicht vereinsgebundenes Einzelmitglied, bietet über die Teilnahme an gemeinsamen Fahrten, dem Austausch persönlicher Erfahrungen zu Booten und Ausrüstung hinaus auch den Vorteil der preisgünstigen Übernachtung in den ***DKV-Kanustationen***.

Die Ausrüstung

Es gibt kein schlechtes Wetter – nur falsche Kleidung! Für die in diesem Buch beschriebenen Touren benötigt man keine teure High-Tech-Kleidung, aber eine gute ***Regenjacke*** und ***-hose*** muss im Gepäck sein. Ansonsten sollte nach dem „Zwiebelprinzip" verfahren werden – mehrere leichte Kleidungsstücke übereinander ziehen.

Fleecepullis mit ihrer hervorragenden Isolationseigenschaft, geringem Gewicht und der Tatsache, dass sie im nassen Zustand noch wärmen, aber auch schnell trocknen, sind ideal.

Eine ***Hose*** aus einem ***Synthetik-Baumwollgemisch*** trocknet schnell und ist geeigneter als eine Jeans.

Schuhe müssen nicht schön sein, sondern vor allem fest sitzen. Am besten sind Schnür-, Sport- oder spezielle Paddlerschuhe. Für Ausflüge haben wir ***Wanderschuhe*** dabei.

Da die ***Sonneneinstrahlung*** auf Wasserflächen sehr intensiv ist, dürfen eine ***Kopfbedeckung*** und eine ***Sonnenbrille*** nicht fehlen.

Auch wenn es mal möglich ist von ***Gasthof zu Gasthof zu paddeln, sollten*** ein ***Zelt***, ein ***Schlafsack*** (evtl. kleines Kopfkissen) und eine ***Isomatte*** immer dabei sein. Denn wer weiß schon, ob er sein Tagesziel auch erreicht oder ein Gewitter die Planung über den Haufen wirft.

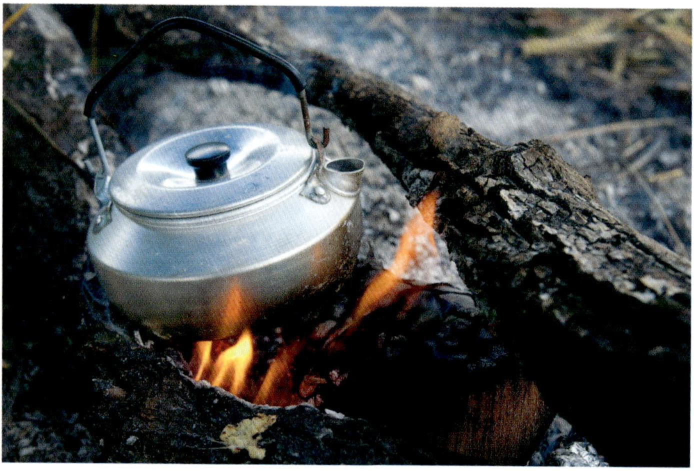

Wie die Trapper. Kochen auf offenem Feuer – aber bitte nur an Feuerstellen auf den Campingplätzen.

Die hier beschriebene Ausrüstung findet Platz in wasserdichten ***Weithals-Tonnen*** mit Schraubdeckel sowie wasserdichten ***Packsäcken***, die durch einen „Roll-/Steckverschluss" wasserdicht verschlossen werden Optimal finden wir transparente Packsäcke oder welche mit Sichtfenster. Mehrere kleine sind idealer als wenige große!

Die meisten Kanuvermieter händigen wasserdichte Tonnen vor Antritt der Fahrt aus. Ist man jedoch mit dem eigenen Kanu unterwegs und scheut zu Anfang die für mehrere Säcke/Tonnen recht hohen Anschaffungskosten, tun es zu Beginn auch stabile Plastik- oder Müllsäcke.

Campingküche

Will man auf seinen morgendlichen Kaffee oder Tee bzw. die Spaghetti am Abend nicht verzichten, muss ein ***Campingkocher*** mit auf Tour.

Folgende Typen sind zu unterscheiden:

- **Benzinkocher**. Hat den höchsten Heizwert, Benzin ist überall zu bekommen und billig.
- **Gaskocher.** Nicht so hoher Heizwert, aber sauberes Verbrennen. Teure Kartuschen.
- **Multifuelkocher.** Guter Heizwert. Ist mit fast jedem Flüssigbrennstoff zu betreiben und sehr leicht.
- **Petroleumkocher.** Hoher Heizwert, jedoch Geruchsbelästigung, die, anders als beim Benzin, nicht „verfliegt".
- **Spirituskocher.** Sind leicht und einfach zu handhaben. Relativ geringer Heizwert.

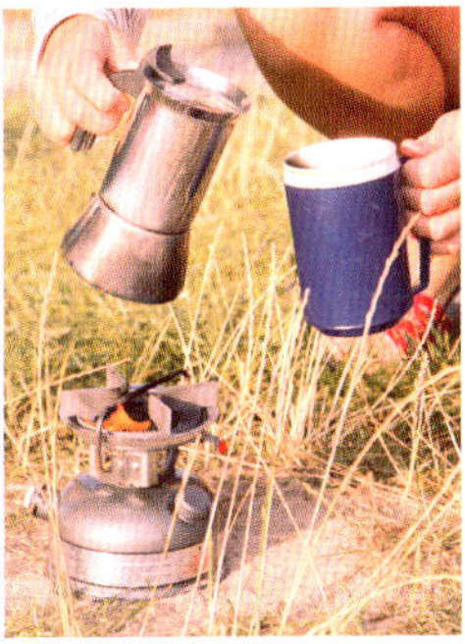

Als weitere Küchenausstattung empfiehlt sich ein ***Kochset***, bestehend aus zwei oder drei verschieden großen, ineinander gestellten ***Kochtöpfen*** (2 L, 1,5 L, 1 L) mit zwei verschieden großen Deckeln, die gleichzeitig als ***Pfannen*** dienen.

Eine ***Espressokanne*** ist für den morgendlichen Kaffee ideal. Weiterhin ein ***Wassersack mit Frischwasser,*** flache und/oder tiefe ***Teller*** bzw. ***Müslischalen***, ***Besteck***, ***Thermoskanne***, ***Thermobecher***, kleines ***Schäl- und Schneidemesser***, ***Schneidebrett***, ***evtl. Alufolie***, ***Geschirrtuch***, ***Spülmittel*** und eine ***Faltschüssel*** für den Abwasch.

Nützliches & Unentbehrliches: ***Klappspaten, Toilettenpapier, Erste-Hilfe-Set, Insektenschutz, Waschzeug, Taschenmesser evtl. mit Tool, Taschenlampe (Stirnlampe), Fernglas, Schreibutensilien, Tagesrucksack.***

Kleine Kajak- & Canadier-Fahrschule

Allgemeines – Kajak & Canadier

Ein Zweier-Boot wird hauptsächlich von hinten gesteuert. Das sollte also die Position des erfahreneren, bzw. kräftigeren Paddlers sein. Vorteilhaft ist es, im gleichen Rhythmus zu paddeln. Wichtig: Der Vordermann sollte auf evtl. Hindernisse hinweisen, die sich in der Fahrtroute befinden.

Im Canadier kann gekniet oder gesessen werden. Die Knieposition (Hintern auf der Sitzkante, Knie etwas gespreizt am Boden) hat den Vorteil, dass der Schwerpunkt tiefer liegt und mehr Bootskontakt möglich ist.

Im Kajak sollten die Fußstützen so eingestellt werden, dass zwischen ihnen und der Rückenlehne ein guter Kontakt bei aufrechter Sitzposition besteht. Bei Kajaks mit Fußsteuerung den Abstand der Pedale so wählen, dass die Beine leicht angewinkelt sind und genügend Spielraum nach vorne haben, um die Pedale durchzutreten und das Steuer bewegen zu können.

Die Spritzdecke wird beim Kajak zunächst hinter dem Körper um den Rand der Luke (Süllrand) gelegt und dann von hinten beginnend nach vorne über diesen gezogen. Dabei muss darauf geachtet werden, dass die Grifflasche vorne freiliegend herausschaut. Wichtig: mit geschlossener Spritzdecke nur paddeln, wenn ein kontrolliertes Aussteigen vorher geübt wurde.

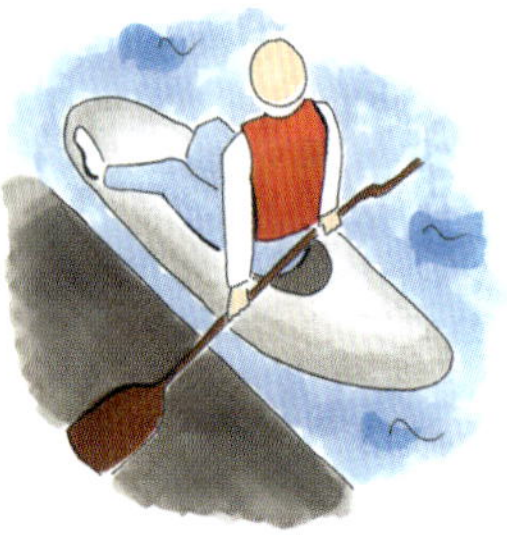

Paddelbrücke Kajak

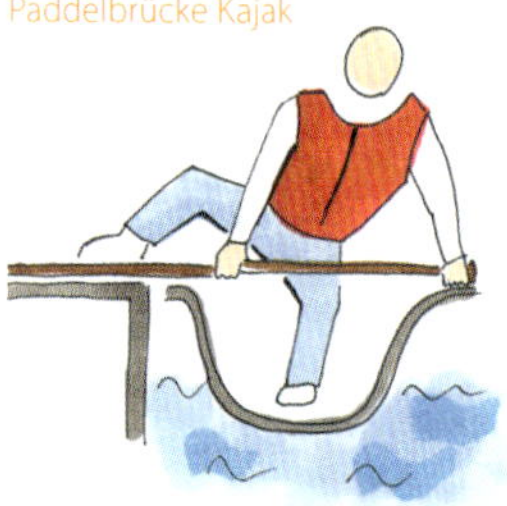

Paddelbrücke Canadier

Ein - / Aussteigen – Kajak & Canadier

Das Boot wird im Wasser parallel zum Ufer positioniert. In Strömungsgewässern zeigt der Bug (vorne) immer stromaufwärts um ein sicheres Ablegen – weg vom Ufer – zu gewährleisten.

Bei ungefähr gleichem Niveau von Ufer / Steg und oberer Bootskante kann das Boot mit der sogenannten Paddelbrücke stabilisiert werden. Dazu wird der Paddelschaft waagrecht vor dem Körper (…im Kajak auch hinter dem Körper) auf beiden Bootsrändern mit den Händen fixiert, wobei das Paddelblatt am Ufer / Steg aufliegt. Jetzt den Körperschwerpunkt tief nach unten bringen und mit dem bootsseitigen Fuß zuerst, dann mit dem anderen Bein mittig ins Boot steigen und die Sitz- oder Knieposition einnehmen.

Sollte diese Einstiegsvariante nicht möglich sein, kann man sich auch gegenseitig helfen und das Boot stabilisieren. Immer im

Zweier-Boot zuerst hinten (Steuermann), dann vorne einsteigen. Das Aussteigen erfolgt in umgekehrter Reihenfolge.

Paddelhaltung

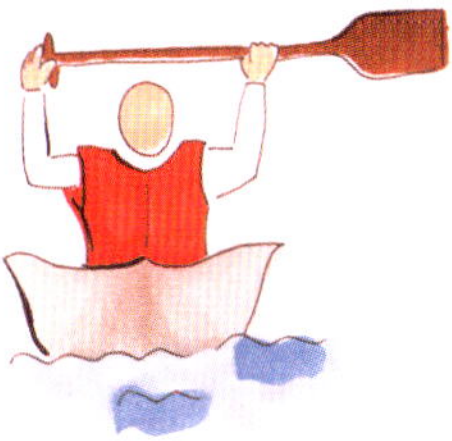

Beim Stechpaddel (Canadier) umfasst die eine Hand wie bei einem Spaten den Griff von oben, die andere Hand den Schaft.

Beim Doppelpaddel (Kajak) greifen beide Hände den Schaft.

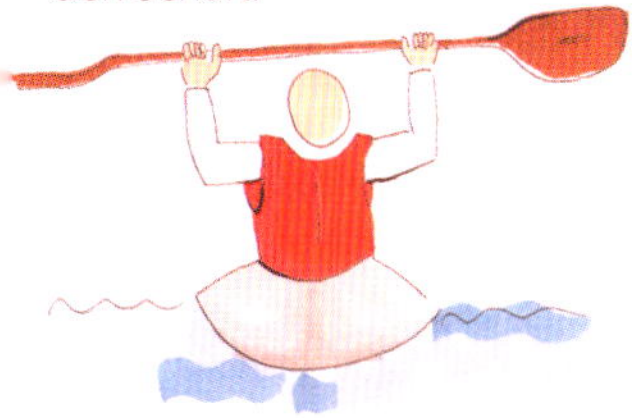

Der passende Abstand der Hände (Kajak und Canadier) ist erreicht, wenn der Winkel zwischen Ober -, und Unterarmen beim auf den Kopf legen des Paddelschafts etwa 90° beträgt.

Die wichtigsten Techniken und ihre Anwendung – Kajak & Canadier

Schlagrichtung des Paddlers: → Bewegungsrichtung des Bootes: →

Der Vorwärtsschlag (z.B. Boot in Fahrt bringen, beschleunigen):

Das Paddel vorne, nahe am Boot ins Wasser tauchen, am Boot entlang etwa bis zur Hüfte nach hinten ziehen und knapp hinter dem Körper aus dem Wasser nehmen. Im Kajak das Gleiche auf der anderen Seite wiederholen.

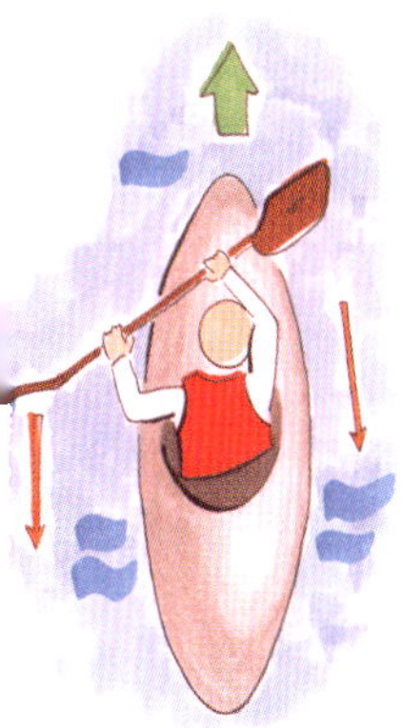

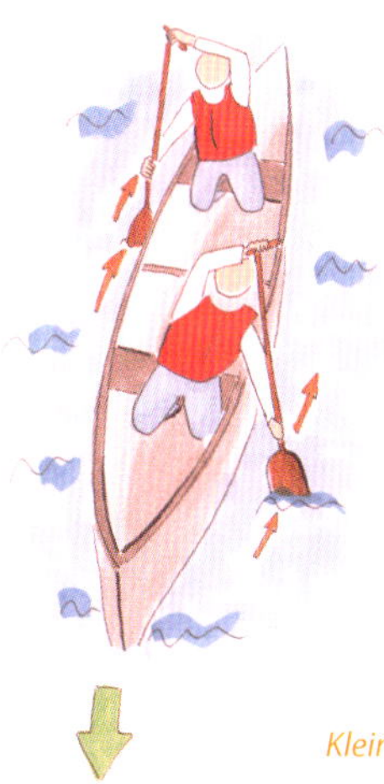

Im Zweier-Canadier paddeln beide auf unterschiedlichen Seiten (Seitenwechsel nach Absprache möglich).

Zum Bremsen, Stoppen oder Rückwärtspaddeln wird das Paddel – umgekehrt zu oben – knapp hinter dem Körper eingetaucht, nach vorne gedrückt und aus dem Wasser genommen.

Steuern

(z.B. Geradeausfahren, Spur halten):

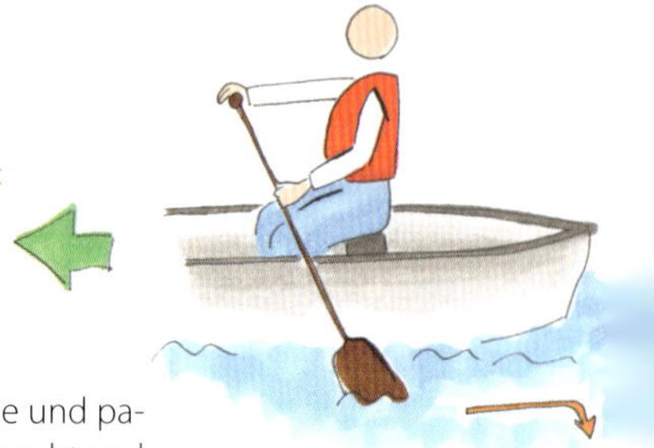

Ein Canadier kann einfach und sehr wirkungsvoll solo oder von der hinteren Position im Zweier-Boot gesteuert werden, indem das Paddel hinter dem Körper nahe und parallel zur Bootswand ins Wasser getaucht und dann (wie ein Hebel) vom Boot weg nach außen gedrückt wird. Der Daumen der Griffhand zeigt dabei nach oben.

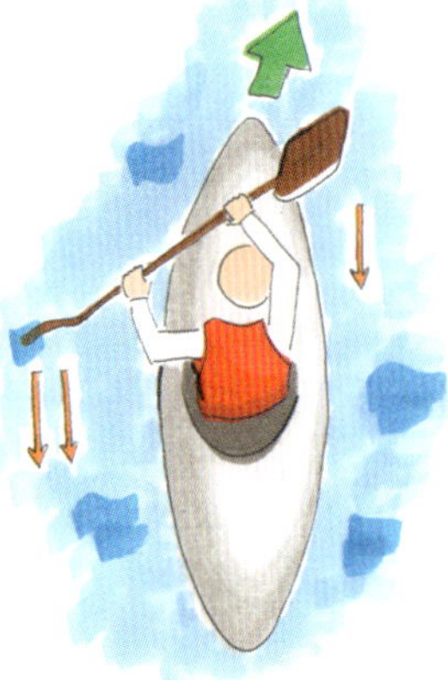

Wird im Kajak der Vorwärtsschlag auf einer Seite stärker ausgeführt oder weiter weg vom Boot nach außen gezogen als auf der anderen Seite, dreht das Boot zu dieser anderen Seite. So kann das Boot auf Kurs gehalten werden.

Beim Ab- und Anlegen mit Booten, die über eine Steueranlage verfügen, unbedingt daran denken, das Steuer rechtzeitig einzuklappen, um es vor Beschädigung zu schützen.

Bogenschlag – Kajak & Canadier

(z.B. Kursänderung oder Drehen des Bootes):

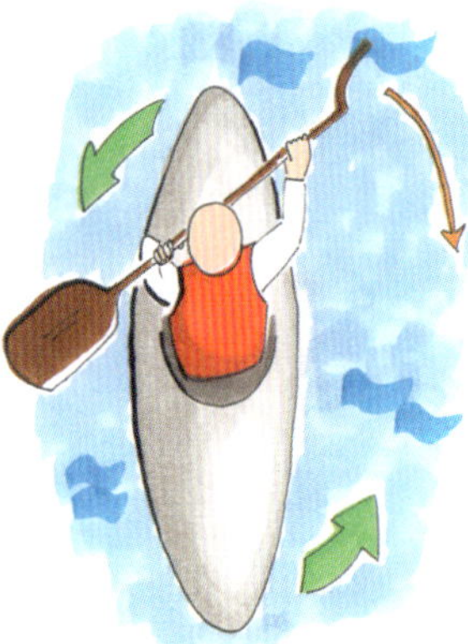

Kajak:
Bogenschlag vorwärts

Beim Bogenschlag vorwärts – das Paddel wird von vorne nach hinten gezogen – dreht das Boot weg von der Paddelseite. Hierzu wird das Blatt vorne, nahe am Boot ins Wasser getaucht und mit einer möglichst flachen Schafthaltung in einem weiten Halbkreis um den Paddler herum nach hinten geführt. Kurz bevor das Paddel mit dem Boot hinten in Kontakt kommt, wird es aus dem Wasser genommen.

Beim Bogenschlag rückwärts – andersherum ausgeführt – wird das Paddel von hinten nach vorne gezogen und das Boot dreht zur Paddelseite hin.

Im Zweier-Boot führen beide Paddler auf ihrer jeweiligen Paddelseite unterschiedliche Bogenschläge aus und zwar gleichzeitig ein Paddler vorwärts und der andere rückwärts, je nachdem in welche Richtung gedreht werden soll. Um die Wirkung zu erhöhen wird jeweils nur ein Viertelkreis gezogen.

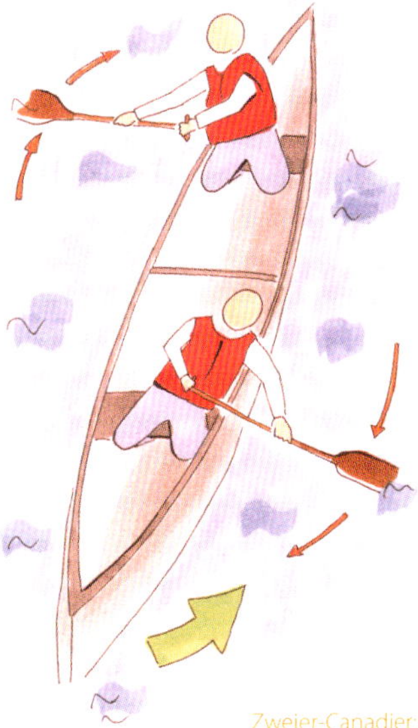

Zweier-Canadier:
Hinten Bogenschlag vorwärts
Vorne Bogenschlag rückwärts

Ziehschlag – Kajak & Canadier

(seitliches Versetzen des Bootes z.B. anlanden, ausweichen):

Das Paddel wird etwa auf Körperhöhe mit Abstand zum Boot, steiler Schaftstellung und dem Blatt parallel zur Bootswand ins Wasser getaucht und in gerader Linie zum Boot hin gezogen. Bevor das Paddelblatt in Kontakt mit der Bootswand kommt, wird es, ohne es zu drehen, nach hinten aus dem Wasser genommen.

Im Zweier führen beide Paddler diese Technik auf derselben Seite aus, da sich ansonsten das Boot dreht.

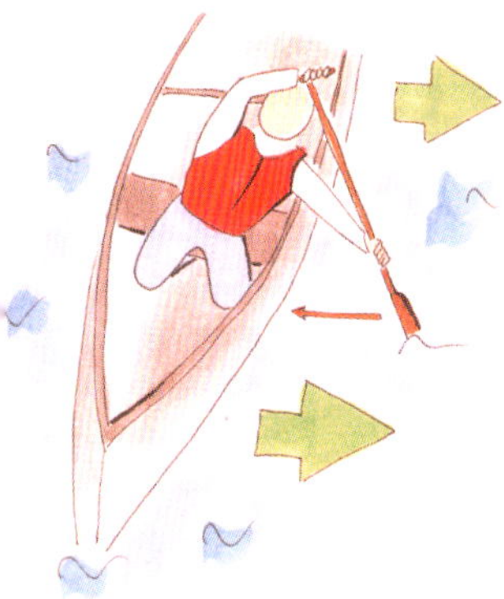

Ziehschlag Canadier

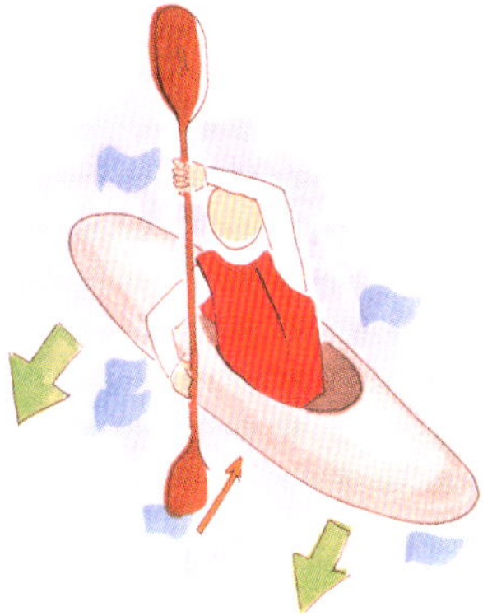

Ziehschlag Kajak

Paddelstütze – Kajak & Canadier

(z.B. Stabilisieren, Kenterung vermeiden):

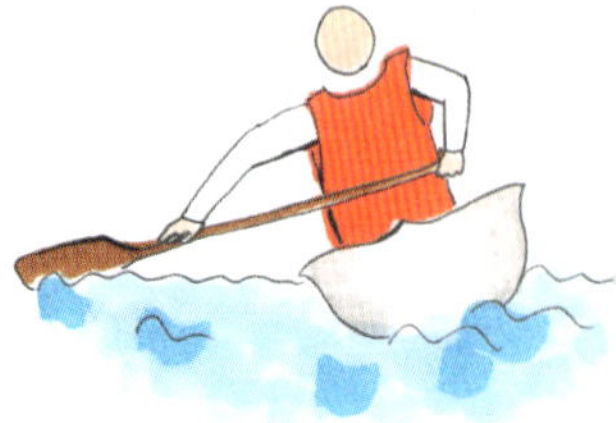

Hier wird das Paddel als Ausleger genutzt, um sich z. B. bei einer drohenden Kenterung zu stabilisieren und das Boot wieder aus der Schräglage aufzurichten. Auf der zu stabilisierenden Seite wird das Paddel mit flacher Schafthaltung nahe vor dem Körper im 90° Winkel zur Längsachse des Bootes weit nach außen mit dem Blatt möglichst flach aufs Wasser gelegt. Unter Ausnutzung des Druckwiderstandes zwischen Paddelblatt und Wasseroberfläche kann man sich und das Boot für einen kurzen Moment wieder hochdrücken. Die Blattrückseite liegt dabei auf dem Wasser.

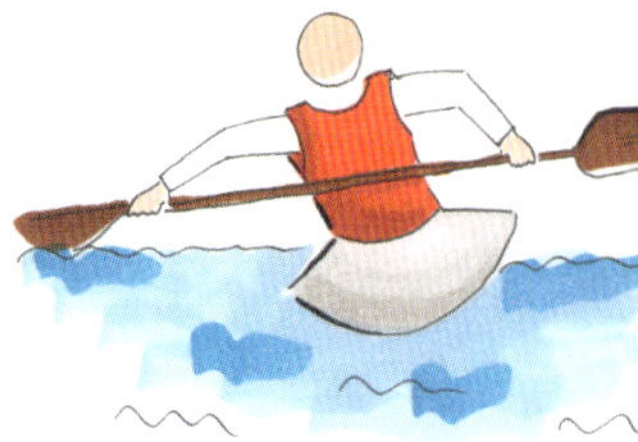

Infos zum für Sie nächstgelegenen Kanukurs bekommen Sie bei

Bundesverband Kanu e.V., c/o BVWW, Gunther-Plüschow-Str. 8, 50829 Köln, Tel. +49 (0)221 59 57 10, www.bvkanu.de

Deutscher Kanu-Verband e.V., Bertaallee 8, 47055 Duisburg, Tel. +49 (0)203 99 75 90, www.kanu.de

Weiterführende Literatur für Anfänger und Fortgeschrittene:

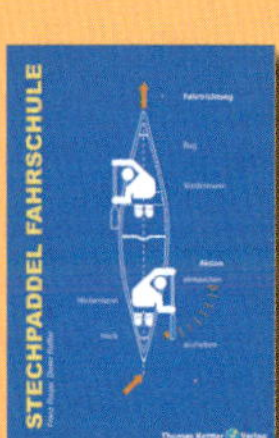

STECHPADDEL FAHRSCHULE

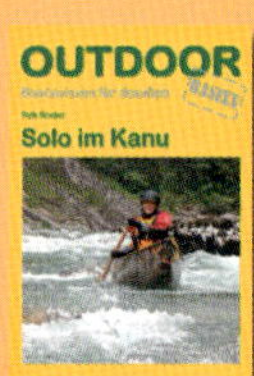

SOLO IM KANU

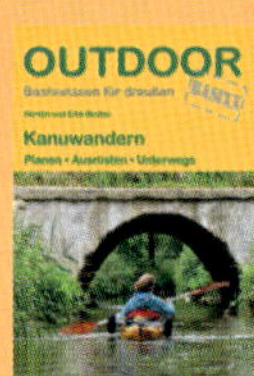

KANU-WANDERN

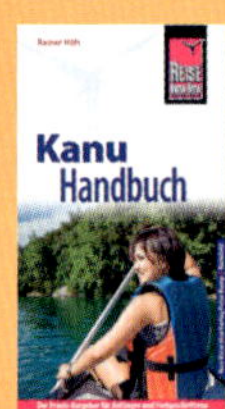

KANU HANDBUCH

Wichtiges zum Kanuwandern auf der Lippe

Kanufahren ist im Allgemeinen ein ungefährlicher Sport. Voraussetzung ist allerdings, die **Einhaltung einiger Regeln:**

- ***Allein*** sollte nur paddeln, wer sein Kanu gut beherrscht.
- Das Tragen eine ***Schwimmweste*** sollte selbstverständlich sein.
- Kinder müssen immer eine ohnmachtssichere Rettungsweste tragen.
- Um vor unliebsamen Überraschungen sicher zu sein, sind vor der Fahrt ***aktuelle Informationen*** über den Streckenverlauf unerlässlich.
- ***Stromschnellen, Wehre*** u. ä. sollten ***vor einer Befahrung*** ausgiebig ***besichtigt*** werden.
- Das ***Gepäck festzurren*** und gegen Verlust bei Kenterung sichern.
- Nicht ***alkoholisiert*** ins Kanu steigen.
- Grundsätzlich gilt, dass die ***Berufsschifffahrt*** immer Vorfahrt hat. Die wichtigsten ***Binnenschifffahrtszeichen*** finden Sie im Umschlag.
- Ein aufgefrischter ***Erste-Hilfe-Kurs*** sollte selbstverständlich sein, um nicht nur anderen, sondern auch sich selbst helfen zu können.

Verhalten & Einschränkungen auf dem Wasser

Die beschriebenen knapp 200 Flusskilometer durchfließen verschiedene Landschafts- bzw. Naturschutzgebiete. Um diese und die darin lebenden Tiere optimal zu schützen, sind folgende **Verhaltensregeln** zu beachten:

- Das Einsetzen der Boote sowie das Anlegen und Rasten darf nur an den festgelegten und gekennzeichneten Stellen erfolgen.
- Zelten und Feuermachen sind an den Ufern der Lippe verboten.
- Uferbetretungsverbot ist einzuhalten und gilt auch für die Kiesinseln.
- Optimal ist man mit einem Veranstalter unterwegs, dem ein Befahrungsrecht eingeräumt wurde.
- Paddler dürfen auf der Lippe ausschließlich in Fließrichtung (stromabwärts) fahren und sollten diese zügig und mittig durchpaddeln.
- Gruppen bitte zusammenbleiben.
- Sperrzeiten sind einzuhalten und Sperrzonen (insbesondere Altarme) zu respektieren.
- Absichtliches Kentern oder Baden im Fluss sind zu unterlassen.
- Die festgesetzten Abfahrts- bzw. Durchfahrenszeiten einhalten.

- Beschädigungen von Röhrichtbeständen, Schilfgürteln, Ufergehölzen und der Vegetation in allen sonstigen dicht und unübersichtlich bewachsenen Uferzonen sind zu vermeiden.
- Von Kies,- Sand- & Schlammbänken *(Rast- und Aufenthaltsplätze von Vögeln)* und seichten Bereichen *(Laichgebiete)*, insbesondere mit Wasserpflanzen, ist ein Abstand von mindestens 5 Metern zu halten.
- Störungen der Tierwelt durch Lärm oder zu dichtes Annähern sind zu vermeiden. Mit etwas Glück ist dann auch einer der zahlreichen Wasservögel oder andere Lippebewohner zu erleben.
- Gerade während der Brut- und Aufzuchtzeit der Vögel ist in den ökologisch besonders wertvollen Gewässerabschnitten auf erhöhte Rücksichtnahme zu achten.
- Alle Abfälle sind mitzunehmen & ordnungsgemäß zu entsorgen.
- Die Lippe darf nur mit Kanus bzw. kanuähnlichen Booten befahren werden (Flöße, Schlauchboote, Surfbretter oder ähnliches sind nicht erlaubt).

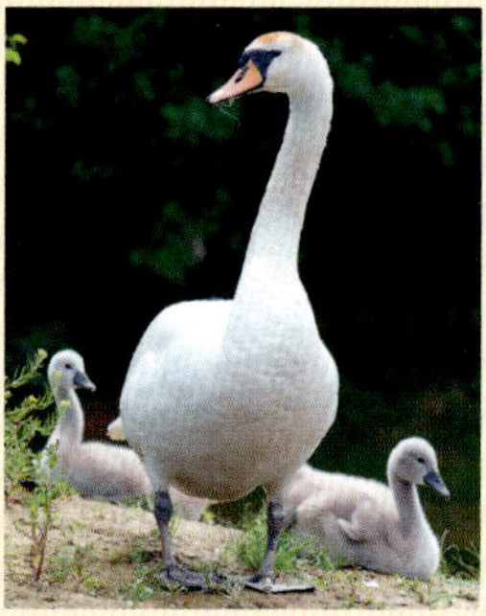

Einschränkungen in den Naturschutzgebieten/Abschnitten

Mit den Renaturierungsmaßnahmen gehen auch neue Befahrungs- und Uferbetretungsverbote einher. Daher ist die Lippe nur noch bedingt für mehrtägige Touren bzw. eine durchgehende Befahrung geeignet. Infotafeln und Hinweisschilder, die von allen Flussnutzern beachtet werden müssen, sind teils schon am Ufer aufgestellt worden.

Erkundige Dich vor einer Tour beim Deutschen Kanu-Verband über die geltenden Befahrungsregeln (www.kanu-nrw.de >Service >Gewässer).

1. Abschnitt zwischen Paderborn-Sande (Gut Lippesee) und Hamm
Lippe-km 175 bis km 166,5: 1.12.-28.2. Befahrungsverbot, **km 166,5 bis km 164:** 1.11.-15.7. Befahrungsverbot. In der übrigen Zeit Befahrung erlaubt, aber ganzjähriges Anlandeverbot/Uferbetretungsverbot.

Fast auf dem gesamten ersten Lippe-Abschnitt gilt ein- oder beidseitiges Anlandeverbot / Uferbetretungsverbot. Alle Strecken sollten möglichst mittig und zügig durchfahren werden. Die Regeln zu den Strecken sind in Text & Karte nochmal markiert.

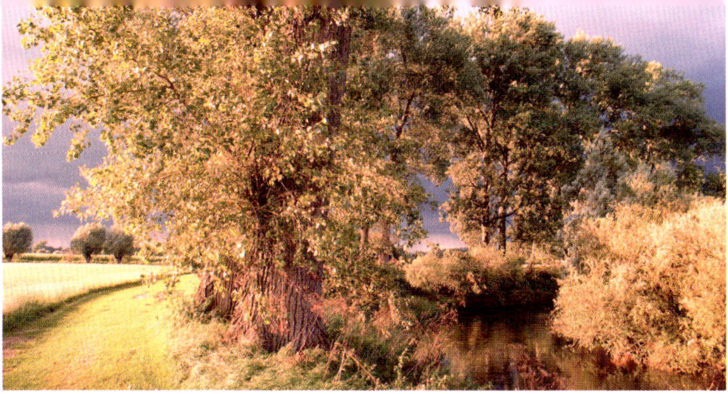

Zweiter Abschnitt zwischen Hamm und Datteln

Lippe-km 118,3 (Brücke Hamm/Herringen-Bockum) **bis km 81,6** (Brücke Vinnum): **4.10.-31.3. Befahrungsverbot.**

In der übrigen Zeit (1.4. -3.10.) **max. 15 Boote in 5 Durchgängen**, Uferbetretungsverbot und zügiges, mittiges Durchfahren.

Anmeldung im Vorfeld über www.kanu-nrw.de/bootsres notwendig. Die ausgedruckte Anmeldebestätigung ist mitzuführen (Kontrolle mögl.).

Lippe-km 86,4 (Waltrop/Bork) **bis km 77,2** (Datteln): NSG „Lippeauen im Kreis Recklinghausen". Aus- & Einsteigen (auch zur Rast) ist nur an 15 gekennzeichneten Stellen erlaubt (in Text & Karte gekennzeichnet).

Dritter Abschnitt zwischen Datteln und Wesel

Lippe-km 77,2 (Datteln) **bis km 27**: NSG „Lippeauen im Kreis Recklinghausen". Aus- & Einsteigen (auch zu Rastzwecken) ist nur an 15 gekennzeichneten Stellen erlaubt (in Text & Karte gekennzeichnet).

Für **Abschnitt „Haus Vogelsang"** *(Einstieg 5, km 77,3 bis Einstieg 7, km 70)* und **Abschnitt „HaLiMa"** (= Haltern am See / Lippramsdorf / Marl) von *Einstieg 11, km 50 bis Einstieg 12, km 46,5* gelten jahreszeitliche **Beschränkungen**: Vom 1.4. bis 14.11. dürfen maximal 30 Boote pro Tag den jeweiligen Abschnitt befahren.

Eine **Anmeldung** für das Durchfahren der Abschnitte über das Buchungsportal www.regiofreizeit.de/kanuten ist notwendig. Zusätzlich muss ein/e Insass:In in jedem Boot eine **Schulung zum naturschutzgerechten Verhalten** beim Kanufahren besucht haben. Geeignet ist eine DKV-Ökoschulung oder eine gleichwertige Ausbildung. Der Schulungsnachweis sowie die Anmeldebestätigung sind jeweils mitzuführen,

Lippe-km 27,8 bis Mündung in den Rhein NSG Untere Lippeaue, ganzähriges Uferbetretungsverbot. Ausnahme bei km 23,4 rechts, km 15 rechts, km 8 rechts und km 4 rechts.

Schleusen

Zu Beginn des 19. Jahrhunderts wurden an der Lippe mehrere Schleusen errichtet. Da längst keine Schifffahrt mehr auf dem Fluss stattfindet, wurden jedoch inzwischen auch viele wieder abgebaut.

Als Paddler bleibt uns auf der Lippe eine Schleusenbenutzung allerdings verwehrt. In der Siedlung Kesseler können wir zumindest den alten Schleusenkanal und die ehemalige Schleusenkammer durchfahren.

Schifffahrt auf der Lippe

Auf Frachtschifffahrt oder Berufsfischer müssen Paddler auf der Lippe nicht achten. Dergleichen gibt es hier nicht. Auch Motorboote mit Freizeitkapitänen oder gar Wasserskifahrer treffen wir auf dem Fluss nicht an.

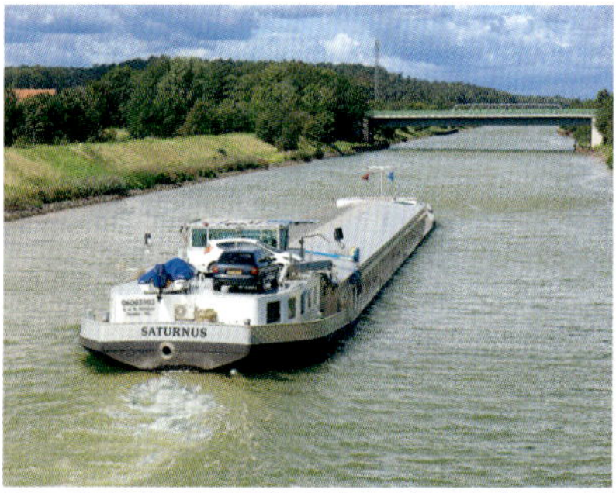

Frachtschiffe verkehren auf den parallel zur Lippe verlaufenden Kanälen

Lediglich drei Selbstbedienungs-Seilfähren queren den Fluss wieder seit einigen Jahren. Auf diese weisen Schilder rechtzeitig hin.

Vorsichtig passieren! Da die sie betreibenden Fußgänger und Radfahrer meist Laien sind, am besten warten, bis die Fähre wieder fest an einem der Ufer liegt.

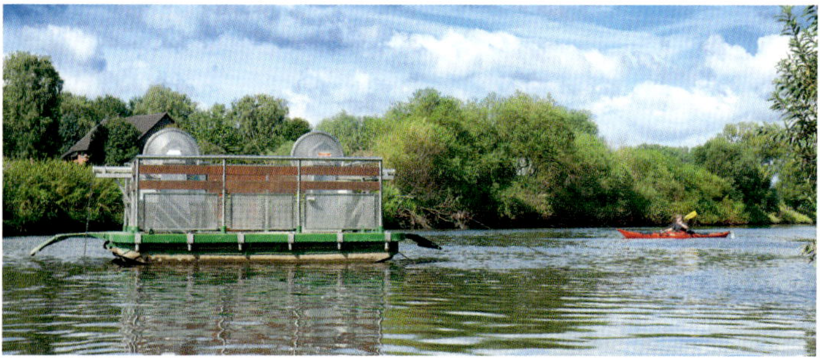

Drei Selbstbedienungsfähren für Fußgänger und Radfahrer sind auf der Lippe im Einsatz. Zu ihnen gehört die „Baldur" bei Dorsten.

Blick auf die Region

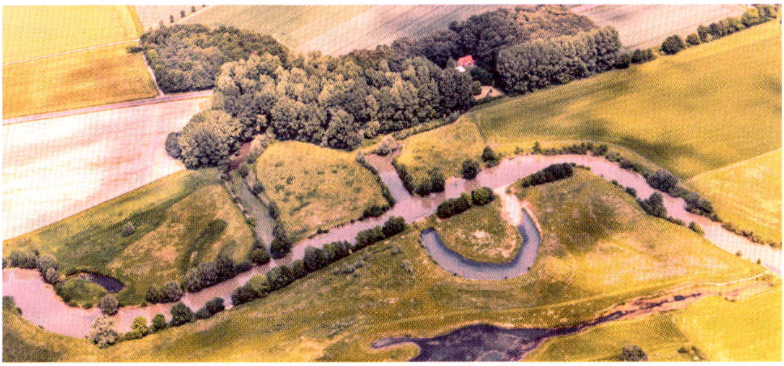

In Bad Lippspringe, westlich des Eggegebirges, entspringt die Lippe, ein rechter Nebenfluss des Rheins. In Paderborn nimmt der Kleinfluss das Wasser von Beke, Pader, Alme und Thune auf. Interessanterweise hat die Pader an der Mündung bereits die dreifache Wassermenge der Lippe selbst, die Alme hat bis zur Mündung schon eine mehr als fünf mal so lange Strecke zurückgelegt wie die Lippe.

Deren Name ist seit der späten Antike in seiner lateinischen Form Lupia aus römischen Schriften überliefert. Ob der Name vom lateinischen Wort „Lupus“ (Wolf) abstammt, oder – wie andere Sprachwissenschaftler vermuten – auf der Beschreibung der Lippe-Fließcharakteristik („schleichend“ oder auch „schleifen“) basiert, ist nicht sicher geklärt.

Auf knapp 200 Kilometern von Paderborn-Sande bis zur Mündung beschreibt der Fluss nach umfangreicher Renaturierung wieder mehr Schleifen und Windungen durch Acker-, Wiesen- und Auenlandschaft. Die Wassertiefe, ehemals bis zu 6 Meter, wurde wieder deutlich verringert. Die Lippe wurde zur Flusslandschaft des Jahres 2018/19 gekürt!

Neben zahlreichen seltenen Vogelarten sind auch die Fischarten Hecht und Quappe in die Lippe zurückgekehrt. Die Nähe zum Ballungsraum Ruhrgebiet ist fast nie zu spüren. Stattdessen beeindruckt die Ruhe auf dem Fluss.

Dieser wird gerne als „Loire Westfalens“ betitelt. Und tatsächlich locken gleich mehrere Schlösser am Fluss zu lohnenden Besichtigungen. Ferner sind Zeugnisse aus der Römerzeit am längsten Fluss Nordrhein-Westfalens allgegenwärtig. Ausgrabungsstätten und das Römermuseum in Haltern am See bieten Ausflüge in die Vergangenheit. Römerkultur und Wassererlebnis lassen sich auch wunderbar auf dem flussbegleitenden Radfernweg Römer-Lippe-Route kombinieren.

Infos zur Tour und Handhabung des Buches

Die im Buch vorgestellten Tagestouren, die bei gutem **Wasserstand** einfach und unangestrengt zu fahren sind, wurden von mir selbst gepaddelt und gründlich recherchiert. Allerdings sollte bedacht werden, dass bei verändertem Wasserstand auch die Lippe zu einem reißenden Fluss werden kann!

Die **durchgehende Befahrung** der Lippe von Paderborn-Sande bis Wesel ist möglich, aber aufgrund der Einschränkungen *(z.B. Anmeldung und Bootkontingente für bestimmte Abschnitte, jahreszeiliche Sperrungen von sensiblen Strecken),* teils auch wegen fehlender Übernachtungsmöglichkeiten an den offiziellen Ein- /Aussetzstellen sehr mühsam.

Die aufgeführten **Übernachtungsstellen** wie Campingplätze, Gasthöfe oder Hotels liegen am Wasser oder zumindest in Wassernähe. Um sich seines Bettes sicher zu sein, ist es notwendig, telefonisch vorzubestellen.

Dies gilt ebenso für die Gelände der Wassersportvereine. Hier reicht es häufig aus, bei Ankunft die an einem Aushang hinterlassene Telefonnummer anzurufen.

Achten Sie bei der Tourenplanung auf **Ruhetage**. Sie können für vielfältige Aktivitäten genutzt werden. Es wäre schade, nicht wenigstens einigen der zahlreichen malerischen Schlössern, sehenswerten Städten und Kirchen einen Besuch abzustatten.

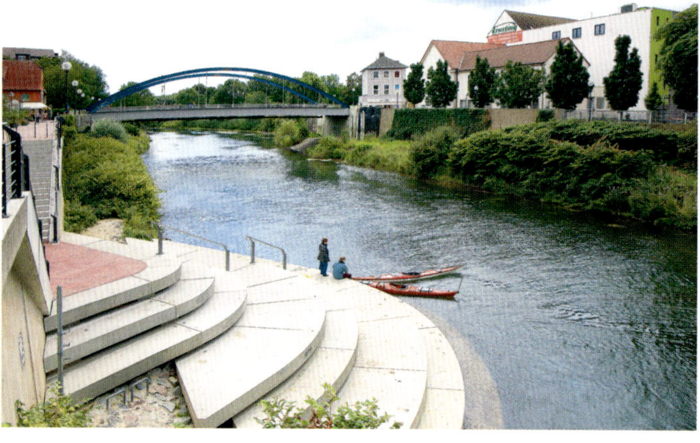

In Lünen kann – mitten in der Stadt – an den Lippe-Kaskaden angelegt werden. Von hier sind es nur wenige Schritte zu mehreren (Eis)-Cafés.

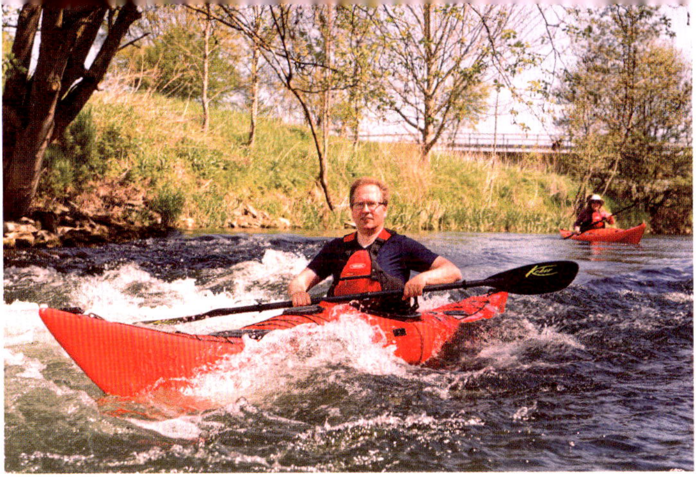

Wer vom Wasser mal genug hat, den erwartet auf **Wander- und Radwegen** entlang des Flusses ausreichend Gelegenheit zum „Aktivsein“.

Öffnungszeiten haben wir so dargestellt: (Di-So 10-17), was heißen soll, dass Dienstag bis Sonntag von 10.00 Uhr bis 17.00 Uhr geöffnet ist. Nicht vergessen: Museen haben montags meist geschlossen.

Für den Transport zur Ein-/Aussetzstelle, zum Übernachtungsplatz oder bei den Umtragestellen ist ein **Kanuwagen** sehr hilfreich.

Besonders im städtischen Bereich haben wir ein **Spiral- oder Bügelschloss** dabei – es gibt uns ein besseres Gefühl, wenn wir das Kanu einmal längere Zeit liegenlassen.

Die **Sternchen-Piktogramme** (siehe Seite 25 oben) sollen eine schnelle Einschätzung der Kanutour auf der Lippe geben – wir haben Sternchen von 0 (wenig) bis 4 (viel) vergeben.

Pegel

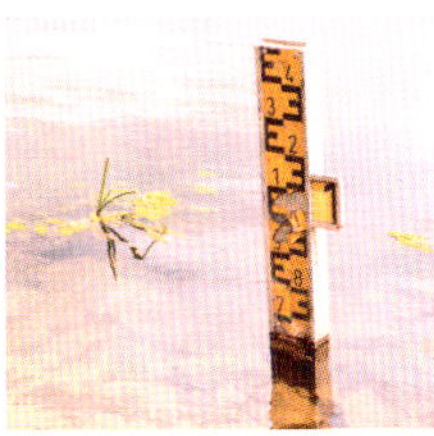

Vor dem Tourenstart den aktuellen Wasserstand in Bentfeld abfragen: http://luadb.lds.nrw.de/LUA/wiski/pegel.php >Wasserstände >Einzugsgebiet Lippe >Gewässer Lippe >Bentfeld

Ein knapper Wasserstand liegt bei weniger als 90 Zentimetern vor. Ein guter Wasserstand liegt zwischen 90-120 cm, von 121-150 cm herrscht hoher Wasserstand. Hochwasser beginnt bei > 150 cm.

Kilometrierung

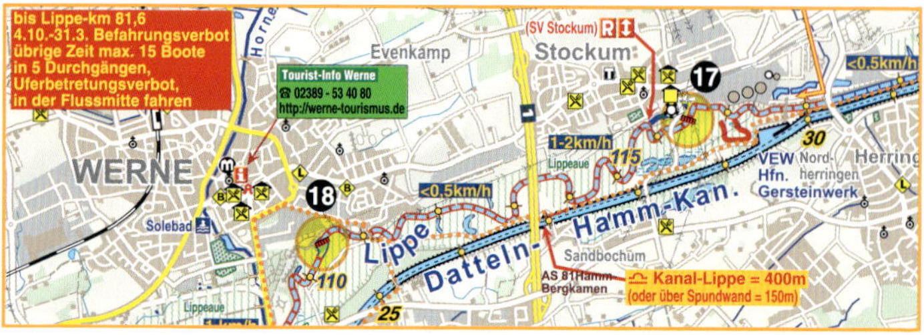

Um Ihnen die Nutzung der Wasserwanderkarten und Beschreibung der Tour in diesem Buch zu erleichtern, finden Sie sowohl auf den Karten als auch im Textteil in der Randspalte die jeweiligen **Kilometerangaben**.

Sie können **Entfernungen** leicht in den Karten abmessen: Die Strecke von einem gelben Punkt zum nächsten entspricht 1 km. Alle 5 km sind die Kilometerzahlen auf den Karten im Buch ausgeschrieben.

Die Kilometrierung unserer Tourenbeschreibung beginnt bei ***km 208,3*** am Gut Lippesee bei **Paderborn** und endet bei ***km 0*** an der Mündung in den Rhein bei **Wesel**. Da diese Kilometrierung nicht amtlich ist, sind diese Zahlen in den Wasserwanderkarten und in der Randspalte ***blau*** dargestellt.

Die Schifffahrtsstraßen z.B. Datteln-Hamm-Kanal oder der Rhein dagegen haben eine ***amtliche Kilometrierung,*** diese Zahlen sind ***schwarz*** dargestellt.

Durch die umfangreichen Renaturierungsmaßnahmen beschreibt die Lippe inzwischen wieder deutlich mehr Mäander als noch vor einigen Jahren. Kalkulieren Sie bei der Zeitplanung ihrer Tour immer lieber ein bisschen mehr Zeit ein.

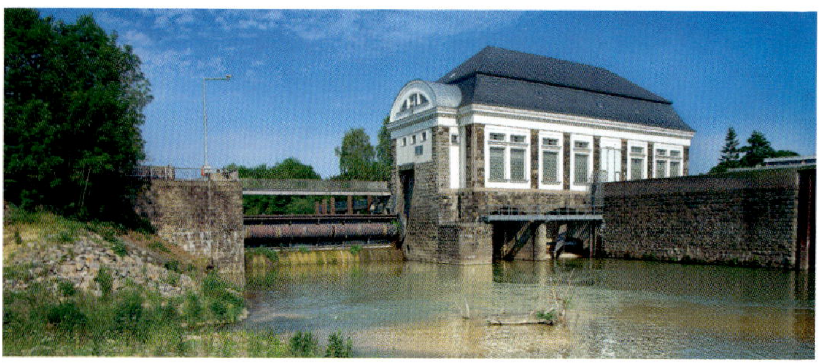

Das Wehr in Hamm

Infos zur Kanutour auf der Lippe

Aktivitäten	Natur	Kultur	Baden	Hindernisse
★★	★★★★	★★★	★★	★★

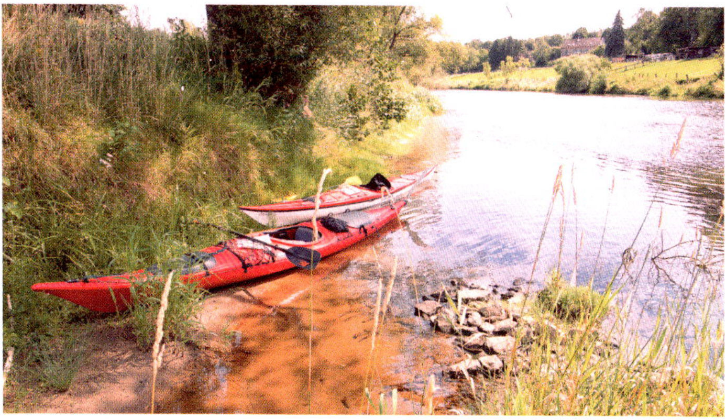

Charakter der Tour

Die Tour auf der Lippe beginnt mit dem lohnenden, spritzigen Oberlauf. Unterhalb des Stausees (Lippesee) bei Paderborn muss man sich durch die renaurierte, mäandernde Lippeniederung auf den ersten zwei Kilometern ein wenig den Weg suchen. Ansonsten erfordern flotte Strömung, Stromschnellen und Sohlgleiten, Baumhindernisse, ehemalige Wehre und eine Bootsgasse schon eine gewisse „Sattelfestigkeit" im Boot.

Nach umfangreichen Renaturierungsmaßnahmen im gesamten Flussverlauf sind die beschriebenen knapp 205 Kilometer wahrlich ein Traum für paddelnde Naturliebhaber – und zählen zu Recht zu den schönsten Paddelrevieren Westfalens. Jedoch ist die Lippe durch die neuen Befahrungsregelungen leider nur noch bedingt für mehrtägige Touren geeignet.

Ab Hamm sind in Verbindung mit den unter dem Oberbegriff „Lippe-Seitenkanal" zusammengefassten Kanälen auch durchaus lohnende Rundtouren möglich. Im krassen Kontrast zur urwüchsigen Natur stehen diverse Industrieanlagen wie Kohleschächte, Kohlekraftwerke und ein Chemiepark.

In erster Linie wird die Lippe von Wasserwanderern genutzt, die Tagestouren mit einem der Veranstalter unternehmen.

Wer auf eigene Faust und im eigenen Boot loszieht, wird die vorhandene Infrastruktur für Paddler im Vergleich zu anderen (touristisch voll erschlossenen) deutschen Flüssen als eher dürftig empfinden. Wer jedoch bereit ist, sein Kajak nach einer Tagesetappe ein paar hundert Meter auf dem Bootswagen zu schieben/ziehen, findet neben der Übernachtung im Zelt auch tolle Alternativen in Pensionen und Hotels. Die meisten Sehenswürdigkeiten und Stadtzentren liegen oft ebenfalls etwas weiter vom Fluss entfernt.

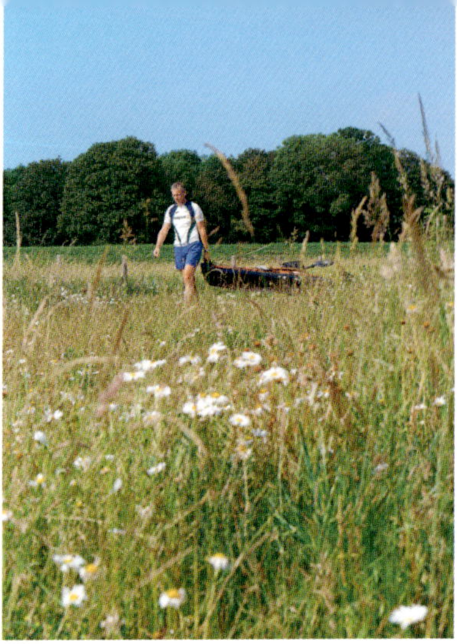

Ein Bootswagen ist für die Portagen sehr hilfreich

Sehenswürdigkeiten *(in der Reihenfolge des Tourenverlaufs)*

Paderborn: „Blick auf" siehe Seite 32. ***Dom mit Drei-Hasen-Fenster*** (Wahrzeichen der Universitätsstadt), ***Rathaus*** (1620) im Stil der Weserrenaissance mit drei Giebeln, ***Residenzschloss Neuhaus*** (ehemal. Sitz des Fürstbischofs von Paderborn), ***Kaiserpfalz*** (Rekonstruktion der ottonisch/salischen Kaiserpfalz aus dem 11./12. Jh.), ***Reste*** der ***mittelalterlichen Stadtmauer*** mit ***Rundtürmen, ältere Bürgerhäuser, Alexiuskapelle (1673), Bartholomäuskapelle*** (älteste Hallenkirche nördlich der Alpen von 1017), ***Franziskaner-, Kapuziner- und Michaelskloster, Marktkirche*** (ehemalige Universitätskirche) mit wiederhergestelltem ***Barockaltar, Theodorianum*** (ehemaliges Universitätsgebäude), ***12 Museen*** z.B. ***Museum für Stadtgeschichte***, das weltgrößte Computermuseum ***Heinz Nixdorf MuseumsForum, Deutsches Traktoren- und Modellauto-Museum.***

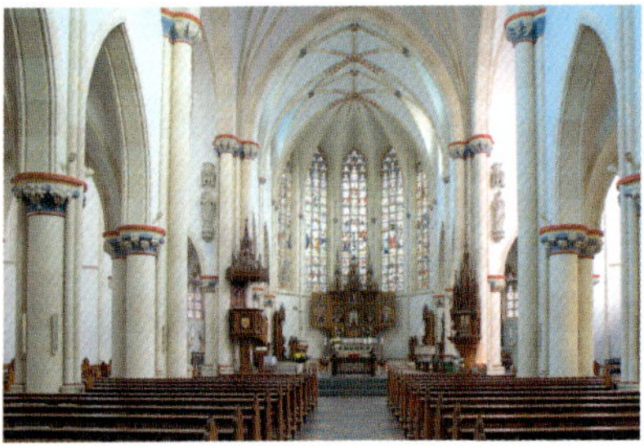

St. Ida Wallfahrtskirche in Herzfeld

Anreppen: *Römerlager.*

Boke: ***Katholische Pfarrkirche St. Landolinus,*** eine romanische Gewölbebasilika (12. Jh.) mit den Reliquien des Heiligen Landelinus.

Lippstadt: „Blick auf" siehe Seite 44.

Cappel: ***Evangel. Stifts- & Filialkirche*** (12. Jh.).

Herzfeld: ***St. Ida Wallfahrtskirche*** (1900), ***Antoniuskapelle*** (1889).

Hovestadt: ***Wasserschloss Hovestadt*** (1292) mit Barockgarten, ***St. Albertus Magnus Kirche.***

Lippborg: ***Wasserschloss Haus Assen*** im Stil der Lipperenaissance (11. Jh.).

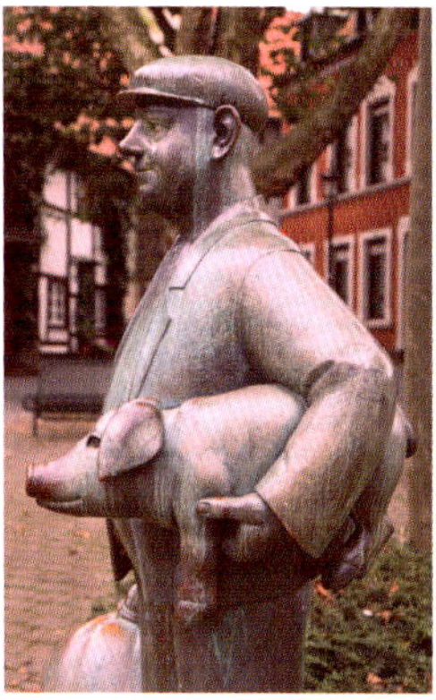

Roggenmarkt, Werne

Uentrop (Hamm): ***Wasserschloss Haus Uentrop*** (Privatbesitz), ***Sri-Kamadchi-Ampal-Tempel*** (zweitgrößter hinduistischer Tempel Europas).

Werries (Hamm): ***Wasserschloss Oberwerries, Maximilianpark*** mit dem größten Glaselefanten der Welt, ***Pfarrkirche St. Pankratius*** mit der Grabstätte des General-Leutnants Karl Friedrich von Wolffersdorff (1716-1781), ***Herrenhaus Haus Gröneberg.***

Hamm: ***Schloss Heessen*** (Internat), ***Waldbühne Hamm-Heessen*** (Deutschlands besucherstärkstes Amateurtheater), ***Pauluskirche*** (1337), ***Kunst und Künstler im Martin-Luther-Viertel*** westlich der ***Martin-Luther-Kirche*** (1739), ***kath. St. Agnes Kirche*** (1515), ***Gustav Lübcke-Museum*** mit größter Ägyptensammlung Deutschlands, ***Naturkundemuseum*** und mehrere ***Heimatmuseen, Bahnhof*** (1920 in neobarocker Form erbaut), ***Stunikerhaus*** (1748 als Giebelhaus barocker Bauart mit Freitreppe entstanden).

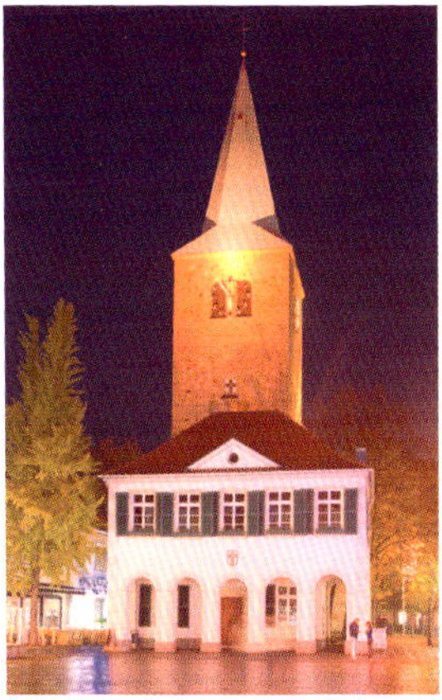

Marktplatz in Dorsten

Werne-Stockum: „Blick auf" Werne siehe Seite 73. ***Haus Stockum*** (Bodendenkmäler zweier Burgen aus dem 9. und 14. Jh.).

Lünen: ***Evangelische Stadtkirche St. Georg*** (1366), ***Fachwerkbauten*** im Stadtkern, ***kath.Pfarrkirche St. Marien*** mit Gnadenbild (1260) und Taufstein (1270), ***Persiluhr*** und ***Ochsen-Skulptur*** am früheren Handelsweg durch Lünen, ***Rathaus*** mit denkmalgeschütztem ***Paternoster, „Ufo"-Förderturm***

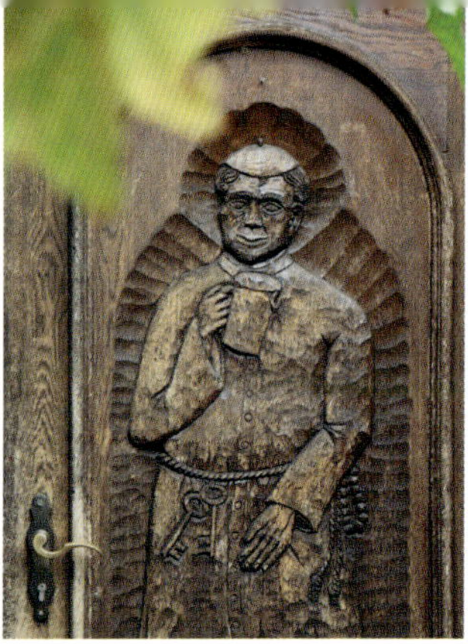

(Luigi Colani) im ***Technologiezentrum Lüntec*** in Lünen-Brambauer.

Ahsen: Römisch-katholische ***Pfarrkirche St. Mariä Heimsuchung*** (1439).

Flaesheim: Stiftskirche ***St.-Maria-Magdalena*** (14. Jh.).

Haltern am See: ***Altes Rathaus*** (1577) mit geschwungenen Renaissancegiebeln und Glockenspiel, evangelische ***Erlöserkirche*** (1912). ***Ackerbürgerhaus*** (1611) am Gänsemarkt, ***Siebenteufelsturm*** (1502) und ***Rest der Stadtmauer*** (16. Jh.), ***Skulptur „Der gescheiterte Varus", jüdischer Friedhof, St. Sixtus-Kirche*** von 1877 mit Antwerpener Schnitzaltar aus dem 16. Jh. und ***Gabelkruzifix*** aus dem frühen 14. Jh.

Dorsten: Teile der ***Stadtmauer, Stadtwaage*** (Altes Rathaus) am Marktplatz, evangelische ***Johanneskirche*** (1890), ***Jüdisches Museum Westfalen.***

Gartrop-Bühl: ***Wasserschloss Gartrop*** mit ***Wassermühle*** (beide 14. Jh.).

Hünxe: ***Heimatmuseum „Alte Bergschule"*** (beherbergt u.a. ein im Jahre 2000 an der Lippe gefundenes Mammut-Schädelfragment mit unvollständigem, über zwei Meter langem Stoßzahn), ***Otto-Pankok-Museum*** (Malerei, Graphik, Plastiken des expressiven Realismus) auf dem Landgut Haus Esselt im Ortsteil Drevenack.

Krudenburg: ***Fischer- und Treidlerdorf*** mit mehrfach prämiertem, unter Denkmalschutz stehendem Ortskern (Teil der „Route Industriekultur"– www.route-industriekultur.ruhr).

Wesel: Rest der ***Zitadelle Wesel*** (1722), erhaltener ***Fries*** (1700) des ehemal. Stadttors ***Clever-Tor***, ev. ***Willibrordi-Dom*** mit Turm von 1478, ***Berliner Tor*** (1722), ***Peter-Minuit-Denkmal*** (1963), katholische ***St.-Johannes-Kirche*** (dreischiffige romanische Pfeilerbasilika, 12. Jh.), ***Museum und Heimathaus*** im Eiskeller von ***Schloss Diersfordt*** (18. Jh.).

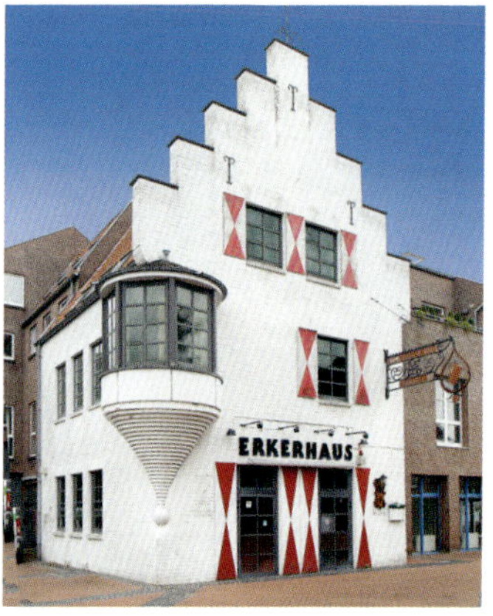

Erkerhaus in Wesel

Weitere Aktivitäten

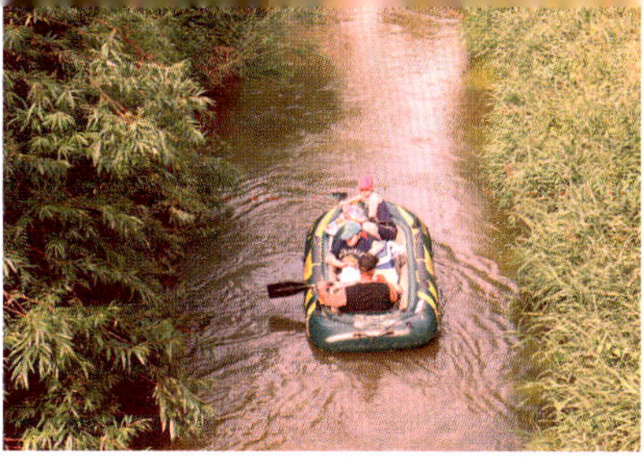

Paddeln & SUP

Auf dem ***Lippesee*** (nur mit Genehmigung).
Auf der ***Alme***.
Auf dem ***Halterner Stausee***.

Buch-TIPP: ***SUP-GUIDE Nordrhein-Westfalen***, Thomas Kettler Verlag.

Wandern

Wanderweg X1 von Beckum über den Höxberg nach Lippstadt (36 km).

Rundwanderung von der Burgruine an der Lippequelle in Bad Lippspringe durch den Lippspringer Wald (17 km).

Viaduktwanderweg vom Eggenmuseum in Altenbeken durch den Naturpark Teutoburger Wald / Eggegebirge (Rundweg, 29 km).

Von den Drüggelter Höfen ***um den Möhnesee***, einem der größten Stauseen Nordrhein-Westfalens (22 km).

Auf dem ***Sintfeld-Höhenweg*** südlich von Paderborn (144 km).

Infos: www.wanderwege-nrw.de www.viadukt-wanderweg.de www.teutoburgerwald.de

Radfahren

Radweg Auenland – 70 km entlang von Lippe und Ahse, Beobachtungshütten, Infotafeln – Fernglas mitnehmen!

Radfernweg Römer-Lippe-Route von **Detmold** nach **Xanten**.
Die 295 Kilometer lange Hauptroute und elf thematische Schleifen mit einer Gesamtlänge von 154 Kilometern führen auf den Spuren der Römer größtenteils an der Lippe entlang, www.roemerlipperoute.de

Landesgartenschauroute von **Lünen** nach **Paderborn**.
Die 143 km lange Strecke verbindet sechs große, prachtvolle westfälische Parkanlagen. Kaum Steigungen, daher besonders familienfreundlich.

Baden & Schwimmbäder

Paderborn: *Freibad Rolandsbad*, ***Freib. Waldbad*** (www.paderbaeder.de)
Sande: *Lippesee*
Lippstadt: *Kombi-Freizeibad* (www.cabrioli.de), *Lippe-Naturbad*
Bergkamen: *Naturfreibad Heil* (www.bergkamen.de >Tourismus)
Lünen: *Hallenbad „Lippe-Bad Lünen"* (www.baeder-luenen.de/lippe-bad)
Haltern am See: *Halterner Stausee*
Wesel: *Naturbad Auesee* (www.wesel.de/kultur-freizeit/auesee)

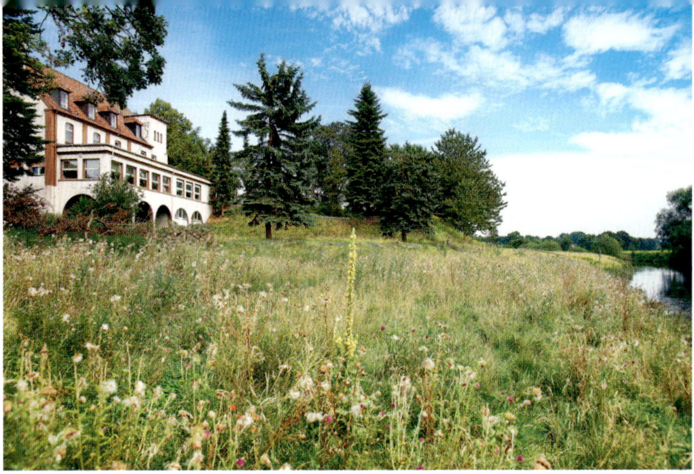

Hotel & Restaurant „Zur Rauschenburg"

Therme & Wellness

Hamm: ***Maximare Erlebnistherme Bad Hamm*** (www.maximare.com)
Werne: ***Solebad Werne*** (www.solebad-werne.de)
Dorsten: ***Atlantis Dorsten*** (www.atlantis-dorsten.de)

Ballonfahren

www.rehmballooning.de www.luftsportschule.de

Geocaching

Um die Vielfältigkeit und Schönheit der lippischen Gewässer bekannter zu machen, wurden in allen lippischen Kommunen Geocaches gelegt www.wasser-im-fluss.de/oeffentlichkeitsarbeit/geo-caching-im-kreis-lippe. Weitere Geocaches unter www.geocaching.com

DiscGolfen

Diese Art Golfspiel, bei der Ball und Schläger durch eine Frisbee-Scheibe ersetzt werden, kann im ***Seepark Lünen-Horstmar*** auf der einzigen Anlage in Nordrhein-Westfalen gespielt werden.

Wasserski fahren

Wasserski Paderborn, Tel. (05254) 686 60, www.wasserski-paderborn.de

Segeln, Surfen

Segeln oder **Surfen** auf dem Lippesee
Segelschule Lippesee, Tel. (05231) 39 09 11, www.segelschule-lippesee.de

Segeln oder **Sportbootführerschein-Kurse**
Yachtschule Rünthe, Rünther Heide 9, 59192 Bergkamen,
Tel. (02389) 53 21 55, www.yachtschule-ruenthe.de

Karten- & Literatur-Tipps

Bikeline Radreiseführer **Römer-Lippe-Route**. **Vom Teutoburger Wald zum Niederrhein**, 1:50.000, Esterbauer Verlag.

Herzstücke im Ruhrgebiet | Panoramawege Ruhrgebiet | Radtouren am Wasser Ruhrgebiet | Wandern am Wasser - Ruhrgebiet, alle Bruckmann Verlag.

Wohlfühlwege **„Naturpark Hohe Mark", Wandern für die Seele,** Droste Verlag.

Zum Schwofen in die Badehose - Geschichten & Anekdoten aus Lippstadt sowie **Lippstadt - Geschichten und Anekdoten: ... und sommertags ab an die Lippe,** beide *Ingo Salmen*, Wartberg Verlag.

Die Schild-Bürger von Haltern am See, *Mit 80 Persönlichkeiten, deren Namen heute Straßenschilder in Haltern zieren, geht man auf eine unterhaltsame, spannende und humorvolle Reise durch die Geschichte* | **Sagenhaftes Lipperland** (Sagen & Legenden), beide Sutton Verlag.

Krimineller Freizeitführer **Mörderisches Lipperland: 11 Krimis und 125 Freizeittipps,** GMEINER-Verlag.

Lipperland-Krimi **Ochsentour,** *Jörg Czyborra,* Verlag KBV.

Adressen

Alle Adressen zu Übernachtung in Wassernähe, Kanu-, SUP- & Fahrradvermietern, Sehenswürdigkeiten usw. sind im Adressteil in alphabetischer Reihenfolge der Orte **ab Seite 102** aufgeführt.

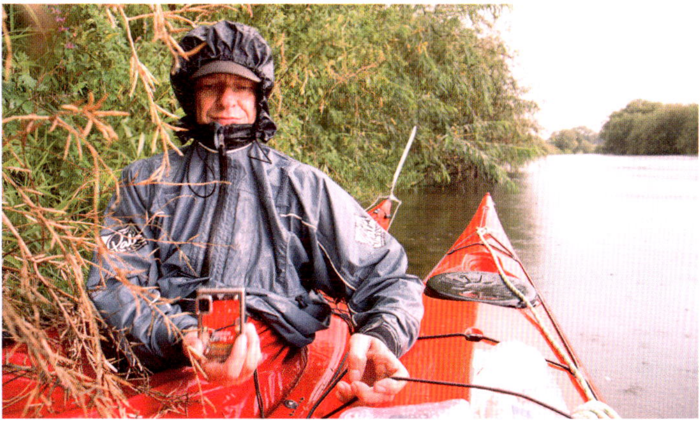

Blick auf Paderborn

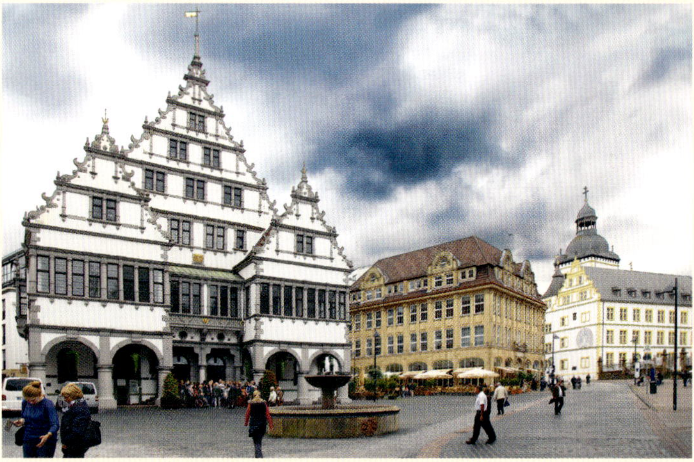

Das dreigiebelige Paderborner Rathaus

Im Paderborner Land lassen sich einzelne Siedlungsfunde bis ins Ende der Altsteinzeit zurückdatieren. Erstmals urkundlich als Stadt erwähnt wurde Paderborn 1028. Der Name der Stadt setzt sich zusammen aus dem Fluss Pader und der früheren Bezeichnung Born für Quelle. Die 148.000 Einwohner zählende Stadt, seit 1295 Mitglied der Hanse und seit 1614 Universitätsstadt, gehört neben Aachen, Köln, Münster und Soest zu den bedeutendsten historischen Städten in Nordrhein-Westfalen.

Die wichtigsten Baudenkmäler entstanden zwischen dem 10. und 13. Jh. und während des Barocks (17. und 18. Jh.). Rund vier Kilometer von der Einsetzstelle Richtung Paderborn steht mit dem Schloss Neuhaus, einem hübschen Wasserschloss im Stil der Weserrenaissance mit sehenswertem Barockgarten, die ehemalige Residenz der Paderborner Fürstbischöfe.

Weitere Sehenswürdigkeiten siehe auch Seite 26.

① ***Museum in der Kaiserpfalz.*** Hier empfing Kaiser Karl der Große hohe Gäste.

② ***Bartholomäuskapelle* (1017).** Älteste Hallenkirche nördl. der Alpen.

③ ***Dom*** (11.-16. Jh.) mit ***Drei-Hasen-Fenster*** (Wahrzeichen d. Stadt) und 92 Meter hohem romanischem ***Turm.*** Die ***Krypta*** birgt die Gebeine des Heiligen Liborius.

④ ***Gaukirche*** (1180) mit ***Achteckturm***.

⑤ ***Dreigiebeliges Paderborner Rathaus.*** Im Auftrag von Fürstbischof Dietrich 1613-1620 als herausragendes Beispiel der Weserrenaissance erbaut.

⑥ ***„Alter Kümpe".*** Wasserbecken, aus denen die Bürger jahrhundertelang ihr Wasser schöpften.

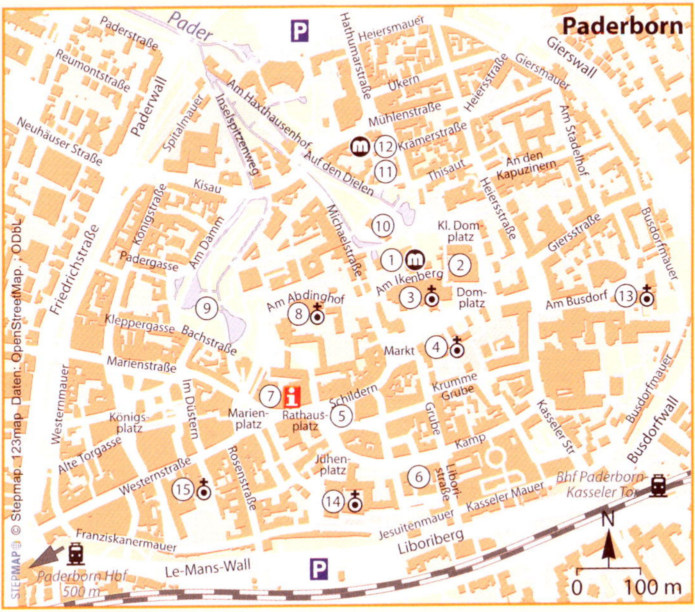

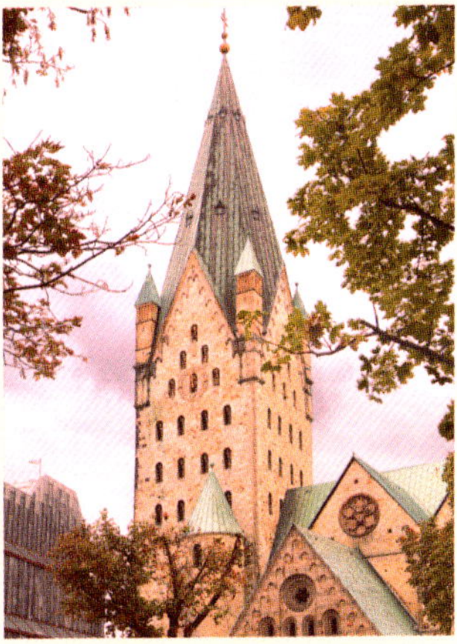

(7) ***Heisingsches Haus.*** Bürgerhaus im Renaissancestil.

(8) ***Abdinghofkirche*** mit romanischen Zwillingstürmen.

(9) ***Westlicher Teil des Paderquellgebietes.***

(10) ***Stadtbibliothek*** in der ehemaligen Domdechanei.

(11) ***Fachwerkhäuser.***

(12) ***Museum für Stadtgeschichte*** im ***Adam-und-Eva-Haus*** (16. Jh.). Ältestes Fachwerkhaus der Stadt.

(13) ***Busdorfkirche*** (1036 geweiht) mit sehenswertem Kreuzgang (um 1300).

(14) ***Jesuitenkirche*** (1692 geweiht) mit rekonstruiertem Hochaltar.

(15) ***Franziskanerkirche*** (1671) im Stil des Barock.

---

i ***Tourist-Info Paderborn***, Königsplatz 10, Tel. (05251) 881 29 80, *Mo-Fr 10-18 (Nov-Mär 10-17), Sa 10-16 (Nov-Mär 10-14)*, www.paderborn.de

Teil 1: 6 Tagestouren zwischen Paderborn-Sande & Hamm

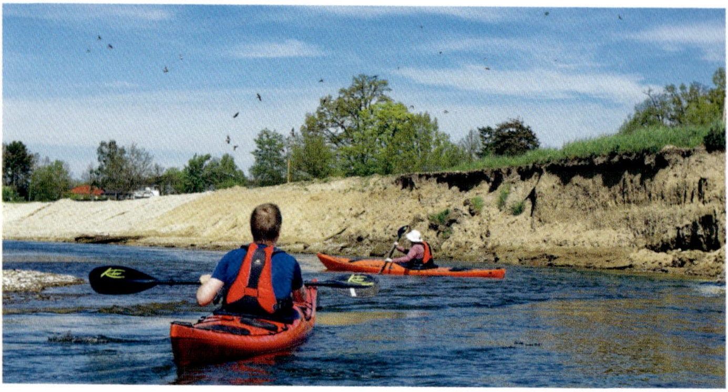

*Renaturierung der Lippe unterhalb des Lippesees.
In den teils steilen Ufern bauen sich Uferschwalben ihre Nisthöhlen.*

Einsetzstelle

In **Paderborn-Sande**, südlich des Lippesees in die Lippeseeumflut (km 205) *(Navi: Münsterstraße 122, 33106 Paderborn)*. Gastronomie, Parkmöglichkeit.

Aussetzstelle

In **Hamm**, Schwimmsteg des Ruderclubs Hamm 1890 (km 123,8) am rechten Ufer *(Navi: Hamm, Jupp-Eickhoff-Weg 2)*. Gastronomie, Parkmöglichkeit.

Länge und Dauer der 6 Etappen

ca. 81 km, mind. 3 Tage für die ganze Strecke oder 6 Tagestouren.

Befahrungsregeln

Streckenweise Uferbetretungsverbot, Anlandeverbot, zügiges Durchfahren.

12 Wehre mit & ohne Umtragung

- ❹ *Wehr* Mantinghausen (ggf. 60 m)
- ❺ *Wehr* Mantinghausen 2 (ggf. 60 m umtragen)
- ❻ *Wehr* **Rebbecke** (ggf. 40 m)
- ❼ *Wehr* **Mettinghausen,** fahrbar
- ❽ *Wehr* **Esbeck,** fahrbar (od. 200 m)
- ❾ *Wehr* **Lippstadt,** Boostgasse
- ❿ *Wehr* **Benninghausen,** frei
- ⓫ *Wehr* **Eickelborn,** fahrbar
- ⓬ *Wehr* **Kesseler**, fahrbar
- ⓭ *Wehr* **Uentrop** (30 m)
- ⓮ *Wehr* **Schloss Heessen** (40 m)
- ⓰ *Wehr* **Hamm** (250 m)

Kanuwagen hilfreich

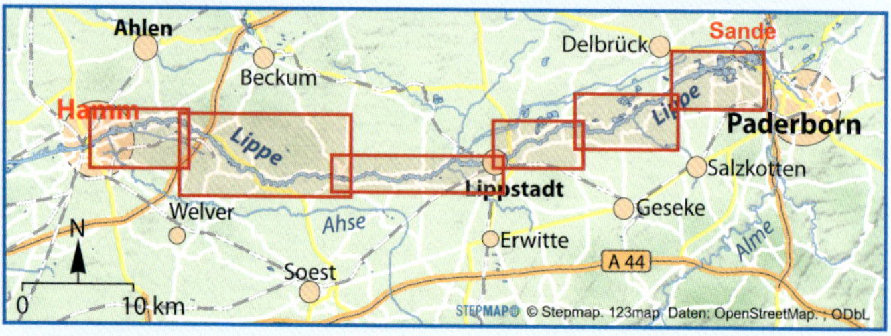

Tagestour 1: **Paderborn-Sande bis Boke, 9 km**

Spritzige, schnelle Tour mit sportlichen Stromschnellen. Nicht für Anfänger geeignet! Umtragen meist nicht notwendig.

Tourenanbieter: *BEOconcept Reisen & Events, Gamann Kanus, Kanutouren Till Merkord* und *WasserFest.*

Teilweise wird auch die längere Variante bis Rebbecke angeboten oder Mehrtagestouren bis maximal zur Kesseler Mühle.

Wir starten an der *offiziellen Lippe-Einsetzstelle* neben dem *Gut Lippesee* und setzen in die ***Lippeseeumflut*** ein. Einige Hundert Meter weiter, an der Brücke der B 64 *(die Wildwasser-Slalomstrecke gibt es nicht mehr)*, liegt rechts von uns der Auslauf des ***Lippesees*** und der Ort **Sande.**

Der Sander ***Lippesee*** *entstand aus mehreren Kiesseen. Der inzwischen rund 90 Hektar große Freizeitsee bietet ein umfangreiches Spiel- und Sportangebot sowie ein gut ausgebautes Netz von Rad- und Wanderwegen.* Am Nordostufer des Sees befindet sich der Naturerlebnis-Campingplatz *Freizeit- & Wohnpark Lippesee.* Wer nicht im eigenen Zelt schlafen möchte, kann dort einen Wohnwagen, eine Ferienhütte oder ein uriges Wohnfass mieten.

km 208,3

Gut Lippesee
(05254) 930 43 28

Hotel-Restaurant Meermeier
(05154) 54 23

Freizeit- u. Wohnpark am Lippesee
(05254) 106 38

Der Lippesee darf befahren werden. Es ist eine Seenutzungsgebühr zu entrichten. Bezahlung erfolgt online oder u.a. über Bistro „Seemöwe" (leckere Fischbrötchen), Salito Beach. Tageskarte pro Kanu 4 € (2022). Stichproben-Kontrollen erfolgen durch die Betreiberfirma. Zügiges Durchfahren bis zum Ende des Sees ist im Rahmen einer Lippebefahrung kostenfrei gestattet. Baden ist nur am Salitos Beach erlaubt. www.lippe-see-freizeitanlagen.de

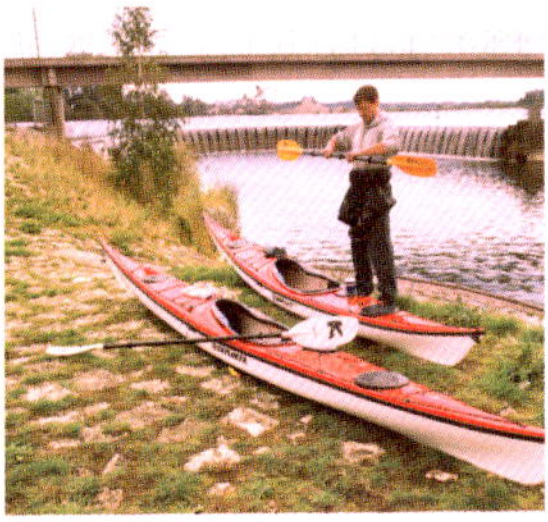

Staumauer und Auslauf Lippesee

Nun mäandert der renaturierte Abschnitt durch das *NSG Lippeniederung bei Sande* **(Uferbetretungsverbot)** und hat die Lippe um einen Kilometer verlängert (www.wilde-lippe.de). Nach 1,7 km endet die Renaturierungsstrecke in einer Kurve mit *4 ins Wasser ragenden Querriegeln.* Dies ist mit Schildern angekündigt. Wer unsicher ist, sollte auf jeden Fall links umtragen, für Geübte fahrbar.

NSG

km 207,5-204,4
ganzjähriges Uferbetretungsverbot

km 205,5
Querriegel !!

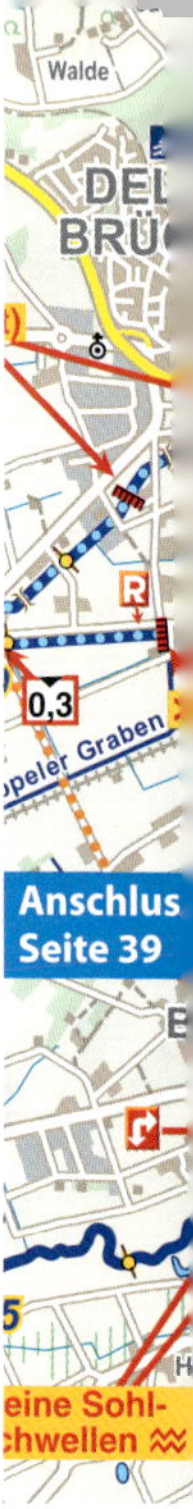

Nun geht es auf dem alten Lippelauf weiter. Nach einem Kilometer vor einer Fußgängerbrücke rauschen wir erneut durch eine *Sohlschwelle*. Am rechten Ufer liegt der ***Heddinghauser See***, links der ***Kleine Bentfelder See***. Beide sind aus dem Boot nicht zu sehen.

Sohlschwelle

Sohlschwelle

Die nächste *Sohlschwelle*, vor der Straßenbrücke zwischen **Bentfeld** und **Heddinghausen**, ist etwas anspruchsvoller.

längerer Schwall

Kurz nach der Brücke folgt ein *längerer Schwall*. Vorbei an den links liegenden ***Rochelsee*** und ***Rathsee*** (nicht zu sehen) passieren wir bald eine Fußgängerbrücke.

km 200,3

Sohlschwelle

Unter der 1,5 km weiter folgenden Straßenbrücke zwischen **Bentfeld** und **Anreppen** durchfahren wir eine weitere *Sohlschwelle.*

km 200,7 - 199,9
beidseitiges Uferbetretungsverbot, zügig durchfahren

Am linken Ufer befindet sich das ***Römerlager Anreppen***. Da hier – wie überall an der Lippe **– nur an den offiziellen Ein- & Ausstiegsstellen angelandet werden darf,** können wir leider nicht mal eben schnell aus dem Boot und einen Blick auf das Römerlager werfen.

Römerlager Anreppen

1968 wurde hier das ehemalige Römerlager entdeckt. Jahrzehntelang führte das Westfälische Museum für Archäologie umfangreiche Grabungen durch und konnte so eines der wichtigsten frührömischen Denkmäler in Deutschland rekonstruieren. Das 23 Hektar große Lager hatte die Form eines unregelmäßigen, langgestreckten Ovals. „Etwa 500 m bzw. 700 m östlich des Lagers wurden Teilstücke von zwei römischen Verkehrswegen gefunden", ist im Info-Flyer ***„Römerlager Anreppen"*** *zu lesen. Die repräsentativsten Funde aus dem Römerlager sind heute im Römermuseum in Haltern am See zu bewun-*

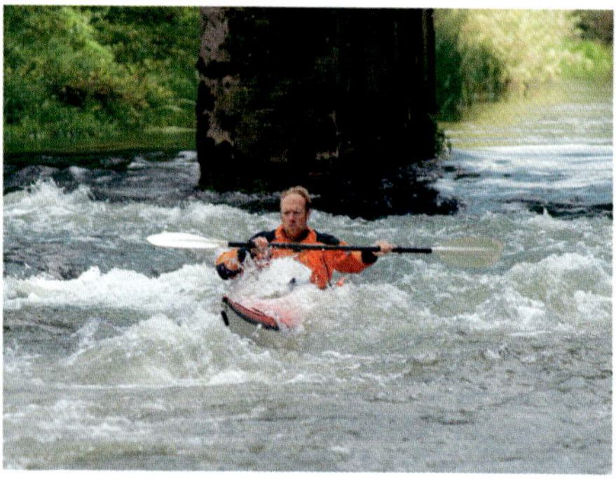

Der Oberlauf der Lippe bietet spritzige Einlagen

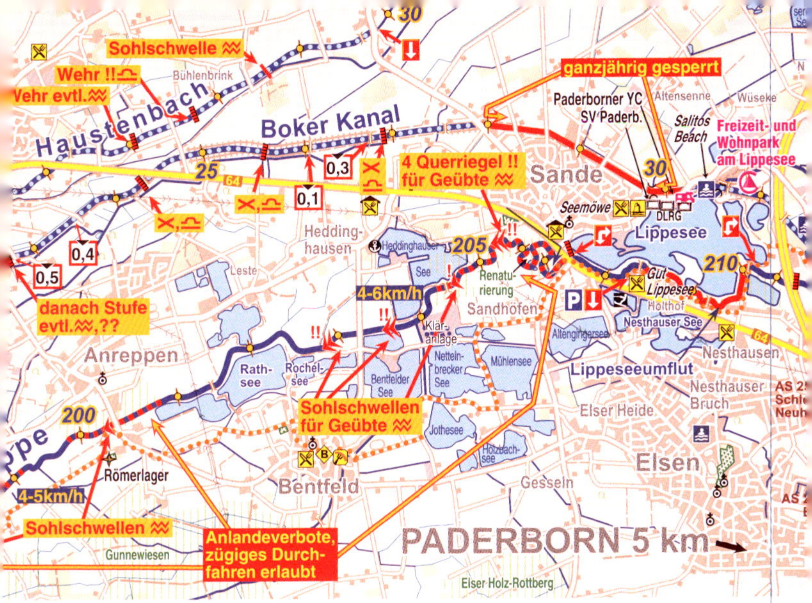

dern. Hier, am Lippeufer, sind inzwischen die römischen Wehrgräben in unmittelbarer Nähe des Südtores ebenso wieder zu sehen wie der 7,5 Meter breite Hauptgraben und der 4,5 Meter breite Vorgraben auf einer Länge von 75 Metern. Ferner wurden Teile des Straßennetzes wieder angelegt: rund 100 Meter der Via Principalis zum Beispiel. Interessierte finden Info-Tafeln am Lehrpfad durch das ehemalige Lager, der ***Heimatverein Anreppen*** *bietet Gruppenführungen an.*

Heimatverein Anreppen
(05250) 506 12

Wir folgen dem Flussverlauf weiter Richtung Boke. Mit fast fünf Stundenkilometern schiebt uns die Strömung durch die weiten Windungen. **Das rechte Ufer darf fast die ganze Strecke nicht betreten werden.**

km 199,2-198,4
km 198,3-197,1
rechts Uferbetretungsverbot

Nach einer weiteren *Sohlschwelle* unter einer Fußgängerbrücke endet die Tour 800 Meter später am rechten Ufer, am Sportplatz kurz vor der Straßenbrücke zwischen **Boke** und **Ringboke** *(Navi: Zur Lükeschen Stiftung, Boke)*. **Vorsicht:** die Strömung in der Außenkurve kann recht stark sein und das Anlanden erschweren.

Sohlschwelle

km 197,1

Etwa 400 m entfernt liegt das *Restaurant „Zum Schwanenkrug"* in der Boker Straße, an der Hauptkreuzung des Örtchens **Boke**. *Hier befindet sich eine der bemerkenswertesten Kirchen im Lipperaum. Die Gewölbebasilika der katho-*

Restaurant Zum Schwanenkrug
(05250) 76 63

*lischen **Pfarrkirche St. Landolinus** im romanischen Baustil ist im 12. Jh. entstanden, im 13. Jh. der Taufstein. Die Basilika beherbergt eine Doppelmadonna im Strahlenkranz. In einem Schrein aus dem Jahre 1896 befinden sich die Reliquien des Pfarrpatrons St. Landolinus.*

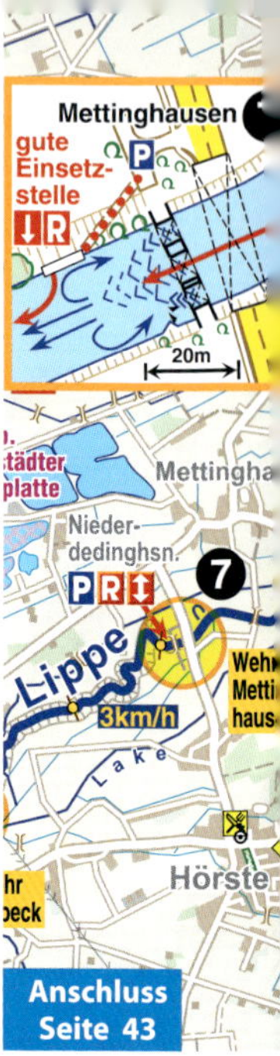

Anschluss Seite 43

Tagestour 2: **Boke bis Hörste, 12 km**

Flotte Tour mit einigen Schwällen und 4 Wehren, die geübte Paddler alle befahren können.

Touranbieter: *Gamann Kanus*

km 197,1

P

Sohlschwelle

Gleich nach dem Start in **Boke** sind *zwei kleinere Sohlschwellen* zu befahren, was problemlos klappt. Die Lippe, deren Ufer dicht mit Bäumen bewachsen sind, windet sich durch Felder nach Südwesten.

km 193

Bei Flusskilometer 193 mündet von links der hübsche Wiesenfluss ***Heder*** ein – fahrbar ab Mühle Schlepphorst (km 4,3), oberhalb Befahrungsverbot, zusätzlich gilt am ganzen Fluss ganzjährig Uferbetretungsverbot.

km 190,8

Wehr Mantinghausen 1
Nach Besichtigung evtl. fahrbar, sonst 60 m re umtragen
s. Detailskizze 4 Seite 39

Zwei Kilometer weiter treffen wir auf das *Wehr Mantinghausen 1,* das zwar steinig, aber *mittig befahrbar* ist. Es ist ratsam, die Stelle vorher zu besichtigen (bei hohem Wasserstand unbedingt). Am *rechten Ufer* kann auch über einen schmalen Trampelpfad *umtragen* werden.

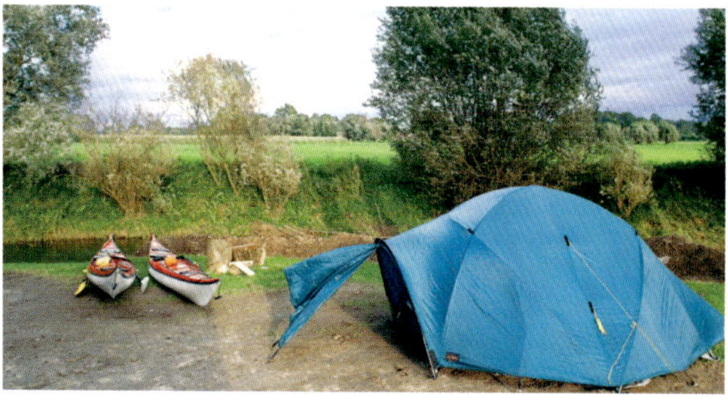

Bei Veranstaltungen kann bei den SKF Geseke gezeltet werden

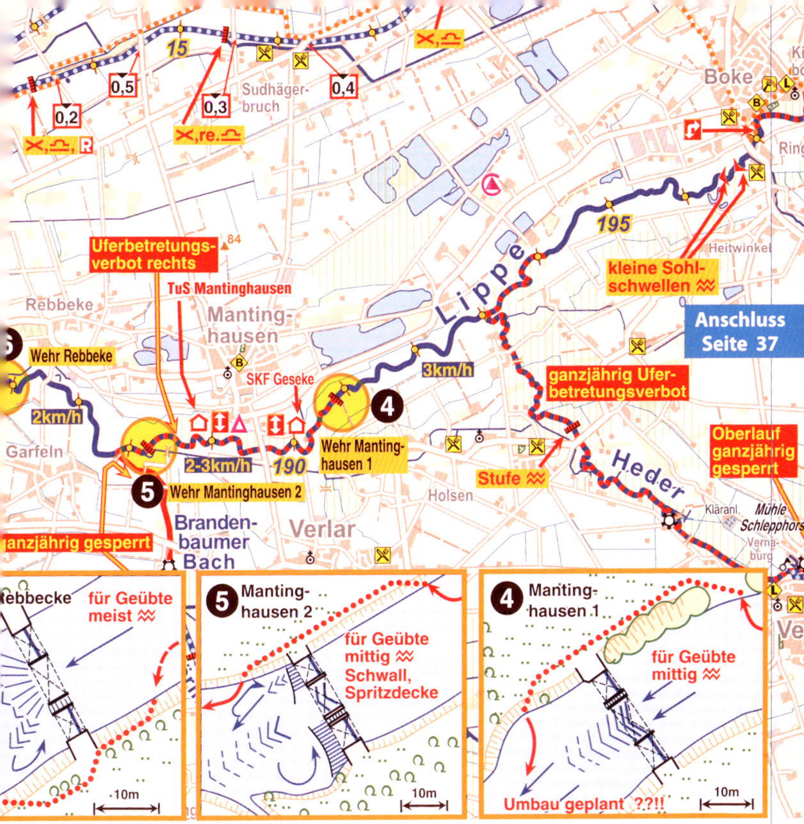

Auf den folgenden drei Kilometern können wir wegen dem Uferbetretungsverbot und fehlender offizieller Ein- und Ausstiegsstellen nicht aus dem Boot.

Eine Ausnahme bilden die Betonstufen der *Ski- und Kanufreunde Geseke (SKF)*. Ein- und Ausbooten ist hier erlaubt. Zelten jedoch nur, wenn das Bootshaus während Vereinsveranstaltungen betreut geöffnet ist.

Unter der folgenden Straßenbrücke zwischen **Mantinghausen** und **Verlar** passieren wir einen kleinen *Schwall*.

Am rechten Ufer liegt das *Bootshaus (vom Fluss aus nicht zu sehen)* der Kanu-Abteilung des *TuS Mantinghausen*. Die *Zeltwiese*, die 200 Meter von der Ausstiegstelle entfernt liegt, kann nach telefonischer Anmeldung am Wochenende genutzt werden.

km 190,8 - 188
ganzjähriges Uferbetretungsverbot rechts

km 190,3

Ski- & Kanufreunde Geseke
(02942) 977 31 49

Schwall

km 187

TuS Mantinghausen
(02948) 949 75 41

km 188,2

Wehr Mantinghausen 2
für Geübte evtl. fahrbar, sonst 60 m re umtragen
s. Detailskizze 5 Seite 39

Bald folgt das ehemalige *Wehr Mantinghausen 2*. Bei Niedrigwasser ist es hier sehr flach, ansonsten kann es auch sehr spritzig sein – daher die Stelle vorab besichtigen. Geübte Paddler können sie normalerweise *mittig fahren.* Alternativ *am rechten Ufer umtragen.*

Um den von links mündenden ***Brandenbaumer Bach*** nicht zu übersehen, müssen wir das dicht bewachsene Ufer schon sehr genau betrachten. Die Straßenbrücke

km 186,5

(Navi: Zur Neuen Brücke, Lippstadt-Rebbeke) zwischen **Rebbeke** und **Garfeln** hingegen wird uns nicht entgehen. Hier startet die Tagestour vom Anbieter BEOconcept Reisen & Events (11 km, Rebbeke bis Lippstadt).

km 185,8

Rebbeke
meist fahrbar, bei NW 40 m links umtragen
s. Detailskizze 6 Seite 39

Die ehemalige *Wehr-Anlage Rebbeke* ist mittig fahrbar. Bei Niedrigwasser sollte man die Stelle vorab besichtigen und gegebenfalls dann links umtragen.

Nur noch anderthalb Kilometer sind es nach dieser spritzigen Einlage bis zur Straßenbrücke zwischen **Mettinghausen** und **Hörste** und zum Ende der Tagestour.

km 184

R P ↕

Wehr Mettinghausen
problemlos fahrbar
s. Detailskizze 7 Seite 38

Das ehemalige *Wehr Mettinghausen,* gleich unterhalb der Brücke, kann problemlos befahren werden. Am rechten Ufer bietet ein *Holzsteg* von Kanu Deppe eine komfortable *Ein- und Aussetzstelle*. Oberhalb davon kann an der Straße geparkt werden, jedoch auf dem Wendeplatz besteht Parkverbot. Dieser Platz direkt an der Lippe-Brücke *(Navi: Schleusenstraße, Lippstadt-Hörste)* ist also optimal, um eine Tagestour zu starten oder zu beenden.

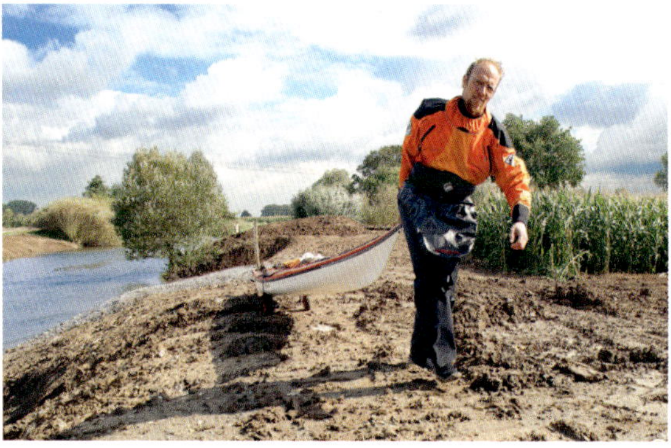

Das war einmal – mühsames Umtragen am Wehrrückbau Esbeck

Tagestour 3: **Hörste bis Lippstadt, 9 km**

Schöne, einfache Tour ins „Venedig Westfalens", gewürzt mit zwei spritzigen, ungefährlichen Passagen.

Tourenanbieter: ***Gamann Kanus, Kanutouren Deppe, Kanutouren Till Merkord*** *und* ***Wasserfest*** *bieten diese Tour an.* ***Kanyou*** *Mettinghausen bis Lippstadt,* ***BEOconcept*** *Rebbecke bis Lippstadt.*

km 184 Unterhalb der *Einstiegsstelle* bei **Hörste** sind die Ufer nicht mehr ganz so hoch und steil wie zuvor. Der Bewuchs ist hier auch weniger dicht und so lässt sich im weiteren kurvigen Verlauf immer mal wieder ein Blick aus dem Boot auf die umliegenden Felder werfen.

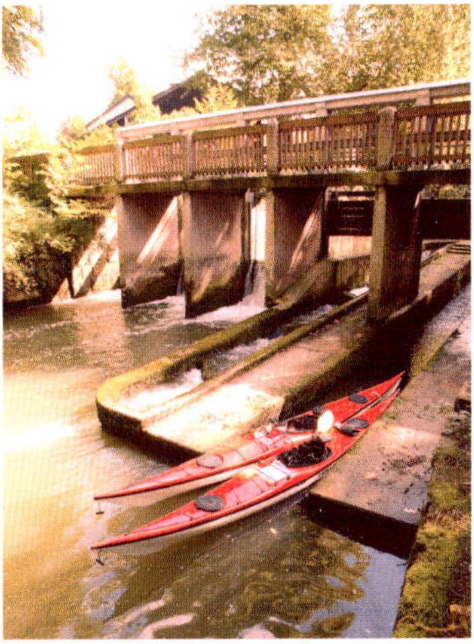

Das Kiskerwehr in Lippstadt

Da keine größeren Straßen in Flussnähe verlaufen, herrscht himmlische Ruhe. Hier und da erhebt sich eine kleine Insel aus dem Fluss, die gerade ausreichend Platz für einen Baum bietet. Vor uns fliegt immer wieder ein Eisvogel auf.

Für Abwechslung sorgt nach etwa zwei Kilometern das *ehemalige Wehr* **Esbeck**. Das Wehr wurde zurückgebaut und sechs Querriegel aus Steinblöcken, versetzt angeordnet, ragen von den Ufern in den Fluss hinein und leiten das Wasser eine knapp 180 Meter lange *Schwallstrecke* hinab. Dieser „Naturslalom" kann *problemlos befahren* werden. Ein großer Spaß! *Umtragen* am linken Ufer (200 m) ist ebenfalls *möglich*. ***Bitte beachten:*** *Dies ist nur eine Umtragestelle, KEINE Einsetzstelle! Das Gelände befindet sich in Privatbesitz und darf keinesfalls mit dem PKW angefahren werden!*

km 182

ehemaliges Wehr Esbeck
180 m Schwallstrecke, gut fahrbar, links umtragen möglich
s. Detailskizze 8 Seite 43

Die Lippe fließt nun, unter der für Fahrradfahrer und Fußgänger neu entstandenen Brücke hindurch, weniger kurvenreich weiter. Die Strömung nimmt bis Lippstadt kontinuierlich ab. Wir erarbeiten uns das Vorankommen mit eigener Muskelkraft.

km 179,6 Nach knapp zwei Kilometern passieren wir erst die Radfahrer-, dann die Straßenbrücke zwischen **Lipperode** und **Esbeck**. Dahinter befinden sich am rechten Ufer Reste der Wasserburg ***Burg Lipperode.***

Erstmals im 13. Jh. urkundlich erwähnt, wurde die damalige Existenz der Niederungsburg durch Ausgrabungen bestätigt, die bis 1987 durchgeführt wurden. Der aus über zwei Meter dicken Bruchsteinmauern errichtete quadratische Wohnturm romanischen Baustils stammt aus jener Zeit und ist in seiner Form in ganz Westfalen einmalig. Nach einer wechselvollen Geschichte wurde die Burg bis 1763 abgerissen. Lediglich Reste des mächtigen Wohnturms und die Umrisse der Burg sind heute noch zu sehen.

km 178 Anderthalb Kilometer weiter unterfahren wir die Brücke der Bundesstraße 55, dann eine Eisenbahn- und eine Fußgängerbrücke. Die Lippe strömt kaum noch. Die drei Türme der Großen Marienkirche im Blick, nähern wir uns der ***Lippstädter Parkanlage „Grüner Winkel".***

km 177

WSC Lippstadt
0171-195 20 20

Links können wir unter einer Fußgängerbrücke hindurch in die ***Alte Lippe*** abbiegen. Hier befindet sich gleich am linken Ufer das ***Gelände des WSC Lippstadt***. Die ***Zeltwiese*** bietet reichlich Platz für das eigene Zelt *(vorher telefonisch, per E-Mail r.staats@wsc-lippstadt.de oder mit Online-Formular anmelden, Rabatt für DKV-Mitglieder)* und im Bootshaus gibt es kühle Getränke und kleine Gerichte.

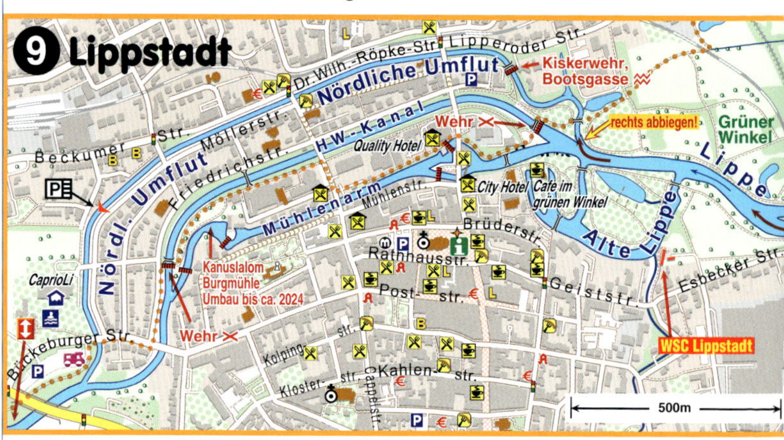

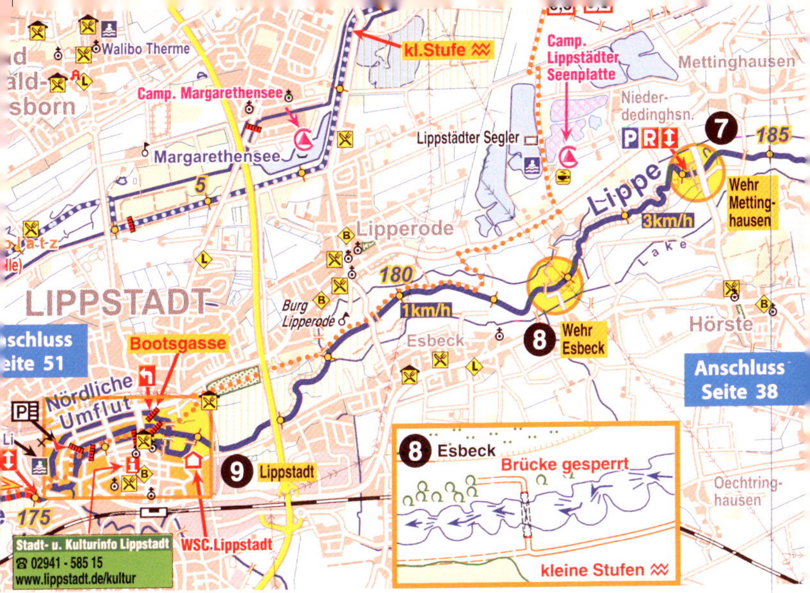

Wenn wir vom WSC Lippstadt der Alten Lippe folgen, trifft diese nach 300 Metern wieder auf die Lippe, so dass ein Rundkurs gepaddelt werden kann.

km 176,7

Wo die ***Alte Lippe*** wieder auf die Lippe trifft, zweigt auch der ***Hochwasserkanal*** mit zwei unfahrbaren Wehren ab. Auch eine Fahrt auf der ***Lippe/Mühlenarm*** durch **Lippstadt** wird von mehreren unfahrbaren Wehren versperrt.

Für uns geht es also auf der ***Nördlichen Umflut*** weiter und so kommen wir ans *Kiskerwehr mit Bootsgasse.* Die hiesige *Ausstiegsstelle* nutzt Kanutouren Deppe als Endpunkt seiner Tagestouren. Die Bootsgasse am Kiskerwehr macht Spaß und ist so anfängerfreundlich, dass nicht einmal zwingend die Spritzdecke geschlossen werden muss.

Kiskerwehr
Bootsgasse links
siehe Karte 9 links

In Fußnähe sorgen das *Café im grünen Winkel*– herrlich im Grünen und direkt am Wasser gelegen–, Eisdielen, Restaurants, wie die *Brauerei Thombansen*, oder der älteste Biergarten der Stadt, auch direkt an der Lippe gelegen, für ein reichhaltiges gastronomisches Angebot. In zwei Hotels, *City Hotel* und *Quality Hotel Lippstadt* *(mit Biergarten und Lounge)*, kann direkt am Wasser übernachtet werden.

Die Besichtigung des sehenswerten **Lippstadt**s (Blick auf Lippstadt siehe Seite 44) kann man von hier starten.

Café i. gr. Winkel
(02941) 595 10

Brauhaus Thombansen
(02941) 80 08 8

City Hotel
(02941) 971 20

Quality Hotel
(02941) 98 90

Blick auf Lippstadt

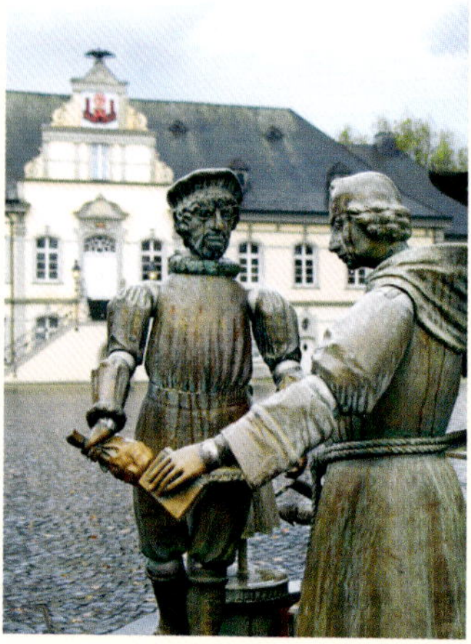
Bürgerbrunnen auf dem Rathausplatz

Zwischen 1185 und 1220 entwickelte sich die ehemalige Kaufmannssiedlung zur Stadt. Bernhard II., Edelherr zur Lippe, gründete Lippstadt als erste planmäßig angelegte Gründungsstadt Westfalens und nahm sich dabei Braunschweig und Heidelberg zum Vorbild. Lippstadt wurde 1194 erstmals als „nova civitas" erwähnt und bekam schon bald überregionale Bedeutung, hielt Jahrmärkte ab und bekam das Münzrecht. Im Jahre 1225 wurde die Stadt Mitglied im Rheinischen Städtebund und gehörte ab 1280 der Hanse an.

Zwei Mönche des Lippstädter Augustinereremiten-Klosters brachten nach ihrem Studium in Wittenberg ab 1524 die Lehren Martin Luthers und somit die Reformation nach Lippstadt.

Infotafeln bieten Wissenswertes entlang zweier Stadtrundgänge. Etwa zum Heimatmuseum, das sich in einem der schönsten erhaltenen Bürgerhäuser des Rokoko Westfalens befindet. Oder zum Ackerbürgerhaus, einem typischen Vertreter dieser Häuserart in Lippstadt.

---

① ***Bürgerbrunnen.*** Neun bewegliche Bronzefiguren stellen Personen der Stadtgeschichte dar.

② ***Marienkirche.*** Stilbildend für den romanischen Kirchenbau im Nord- und Ostseeraum.

③ ***Heimatmuseum.*** Sammlung alten Spielzeugs und Fächer aus aller Welt.

④ ***Ackerbürgerhaus.*** Die sogenannte „Utlucht", ein Vorbau, bot ungehinderten Straßenblick.

⑤ ***Stiftspastorat.***

⑥ ***Ehemalige Synagoge.*** Während der Reichspogromnacht zerstört.

⑦ ***Stiftsruine.*** Eine der schönsten Kirchenruinen Westdeutschlands.

⑧ ***„Steinwerk"*** (15. Jh.). Speicherbau / Zufluchtsstätte für Adlige mit meterdicken Steinwänden.

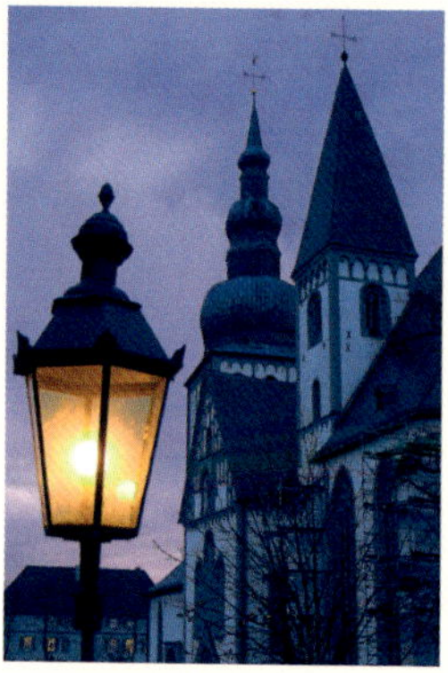
Marienkirche

⑨ ***St.-Annen-Rosengarten.***

⑩ ***Nicolaiweg*** (1220). Eine der ältesten Straßen Lippstadts.

⑪ ***Pfarrkirche St. Nicolai mit Wehrturm.*** Älteste Kirche der Stadt.

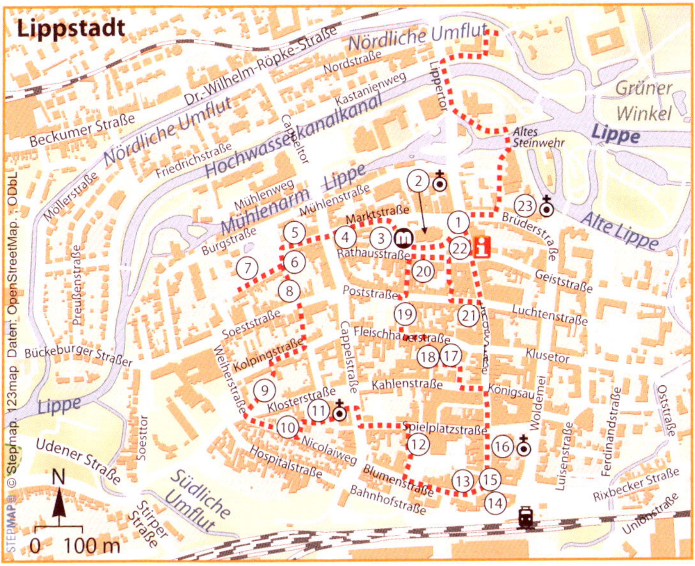

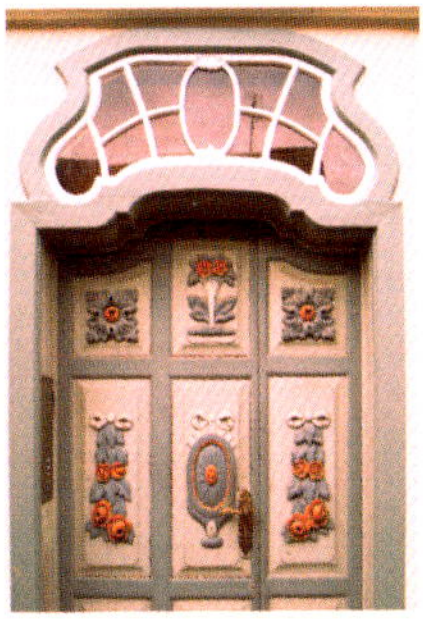

⑫ ***„Speelbrink".*** Spielplatz = Festplatz.

⑬ ***„Thurmann unterm Bäumeken".*** Ehemalige Wirtschaft mit „Selbstbedienungs"-Schnaps in Wandnische im Flur zur Gaststätte.

⑭ ***Südertor.*** Eines von 5 mittelalterlichen Stadttoren.

⑮ ***Bernhardbrunnen*** (1914). Erinnert an die Gefallenen des Ersten Weltkrieges.

⑯ ***Jacobikirche.*** Dem „Lieblingsheiligen" der hansischen Kaufleute und Pilger gewidmet.

⑰ ***Marienschule.*** Ehemalige Höhere Töchterschule mit heute gemütlichem Café.

⑱ ***„Lippstädter Pfade".*** Lippstädtische Besonderheit – uneinsehbare, versetzte Pfade für die Verteidiger der Stadt.

⑲ ***Metzgeramtshaus.*** Das einzige noch genutzte Zunfthaus Deutschlands.

⑳ ***Fachwerkhäuser.*** Balkeninschriften geben Hinweise auf die Erbauer.

㉑ ***Haus Köppelmann.*** Mit reichhaltiger Innenarchitektur im Stil des Rokoko.

㉒ ***Rathaus*** (1775). Beherbergt ein Modell der Stadt im 17. Jh.

㉓ ***Brüderkirche***. Alte gotische Klosterkirche des 14. Jh.

---

i ***Stadt- und Kulturinformation,*** im Rathaus, *Mo-Fr 10-18, Sa 10-16,* Lange Straße 14, Tel. (02941) 585 15, www.lippstadt.de

Es lohnt sich, bei ausreichend hohem Wasserstand, noch ein Stück weiter zu paddeln.

Auf der ***Nördlichen Umflut*** geht es weiter durch das „Venedig Westfalens". Diese Bezeichnung für das an Brücken reiche Städtchen ist etwas weit hergeholt. Aber der flache Kanal, der unter einem dichten grünen Blätterdach und drei Straßenbrücken hindurch an Hinterhöfen und Schwanennestern mitten durch die Stadt führt, ist dennoch reizvoll.

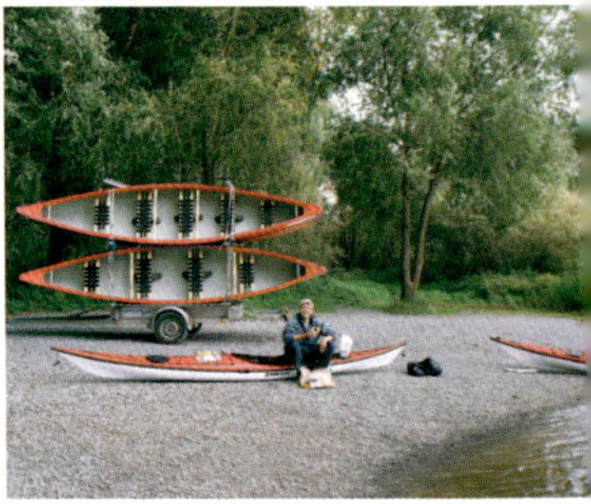

Nachdem die ***Umflut*** wieder auf die ***Lippe*** getroffen ist, geht es unter

km 175,2

der Straßenbrücke Udener Straße hindurch. Dahinter

km 175

landen wir am rechten Ufer an einem Kiesstrand an, wo häufig Anhänger mit Mietbooten stehen.

Hallen- & Freibad CabrioLi
(02941) 20 94 90

Ein großer Parkplatz ist nur 100 m entfernt. Bis zur erfrischenden Abkühlung im ***Lippstädter Kombibad CabrioLi,*** einem Hallenbad mit Schiebedach & Außenbecken, sind 350 Meter zu laufen *(Navi: Bückeburger Str. 10, Lippstadt).*

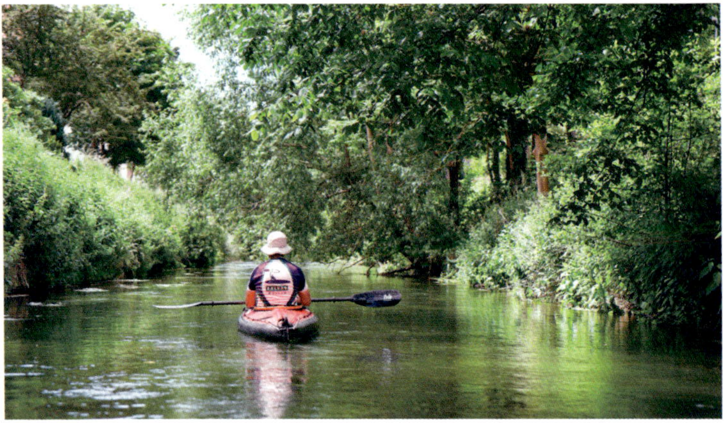

Die Nördliche Umflut bietet sattes Grün mitten in der Stadt

Tagestour 4: **Lippstadt bis Kesseler, 20 km**
Alternativ: **Lippstadt bis Benninghausen, 8 km**

Naturerlebnis pur. Anfängerfreundlich.

Die Strecke bis Benninghausen darf vom 1.12. bis 28.2. NICHT befahren werden. In der übrigen Zeit gilt hier beidseitiges Anlandeverbot.

Die Naturschutzgebiete Klostermersch und Westernmersch, unterhalb von Benninghausen, dürfen vom 1.11 bis 15.7. NICHT befahren werden. Außerhalb des Befahrungsverbotes müssen sie zügig durchfahren werden und auch hier gilt beidseitiges Anlandeverbot.

Touranbieter: ***Gamann Kanus*** *und* ***Kanutouren Deppe****.*
BEOconcept *bietet eine Tour von Eickelborn nach Lippborg an (12 km).*

km 175

P

Wir starten am westlichen Ortsrand von **Lippstadt** an der Brücke Udener Straße / Parkplatz Bückeburger Straße und passieren bald wunderschöne Sandstrände am Fluss. **Paddlern ist das Anlanden und Betreten der Ufer verboten. In den Wintermonaten darf die Lippe hier auch nicht befahren werden.**

km 175 - 166,5
Uferbetretungsverbot
1.12.-28.2. Befahrungsverbot

Unterhalb von Lippstadt wurde der Fluss in den vergangenen Jahren zum Auenbereich renaturiert und in seinen ursprünglichen Zustand versetzt. Die gesamten *Lippeauen* stehen hier auf 25 Kilometern unter Naturschutz.

NSG

Diese landschaftliche Perle beheimatet eine beeindruckende Vielfalt an Tieren. Stock-, Schnatter- oder Löffelenten queren ebenso unseren Kurs wie Haubentaucher, Blässhühner, Kiebitze oder Bisams. Auf den kleinen Inseln können Tiere hautnah beobachtet werden (nicht stören).

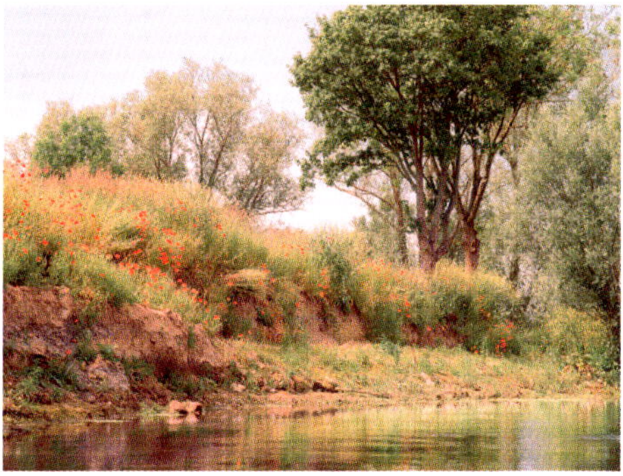

km 173

Bald passieren wir eine Fußgänger- und Fahrradbrücke (Hellinghäuser Brücke), an der die Musik eines einsamen Didgeridoo-Spielers so recht zum sanften Dahingleiten durch die zahlreichen Mäander passen will.

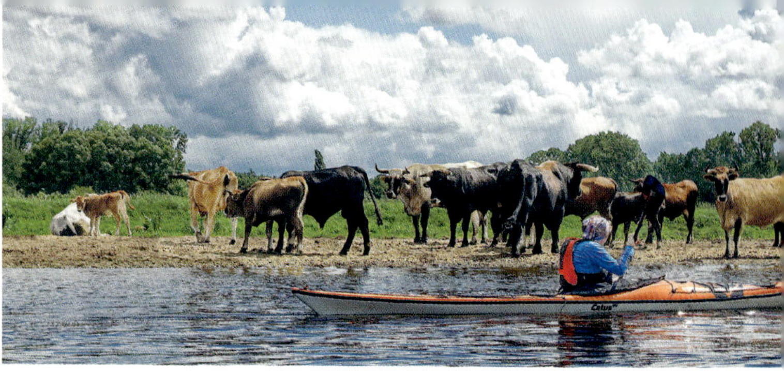

NSG Seit einigen Jahren weiden in den ***Hellinghauser Wiesen (Hellinghauser Mersch)*** Taurusrinder und Koniks, die die Landschaft durch die Beweidung gestalten. Hier haben sich nach 50 Jahren wieder Weißstörche angesiedelt. Von einem Hügel aus können die Tiere beobachtet werden.

Kleine Inseln und umgestürzte Bäume im Fluss sorgen regelrecht für Wildnischarakter.

Nach einem markanten „U" im Flussverlauf münden

km 171,3 bald die ***Glenne*** und der ***Boker Kanal*** von rechts. Nach einer Links- und anschließender Rechtskurve führt die Lippe dann zweieinhalb Kilometer ziemlich gradlinig nach Südwesten.

km 170 Die ***Gieseler***, deren Befahrung ganzjährig verboten ist, strömt von links hinzu. Drei Kilometer sind es von hier noch bis zur Brücke der L 848 in Benninghausen.

Die Lippe wird nun breiter und flacher, umfließt so manche kleine Insel oder Kiesbank und ist in eine unglaubliche Vielfalt an Grüntönen gehüllt. Kanadagänse und Höckerschwäne säumen mit ihren Jungtieren die Ufer.

km 166,6 Direkt hinter der Straßenbrücke in **Benninghausen** landen wir am linken Ufer an der ***Anlegestelle*** an einem kleinen Steinstrand an. Hier *(Navi: Dorfstraße 47, Lippstadt)* lassen Gamann Kanus und Kanutouren Deppe ihre Tour enden.

Ob der Landgasthof Lange mit Biergarten und der angeschlossene kleine Campingplatz hier am Ausstieg noch betrieben werden, war bei Drucklegung des Buches unklar. Der Parkplatz vor Ort gehört/gehörte zum Landgasthof, dort bitte nicht parken.

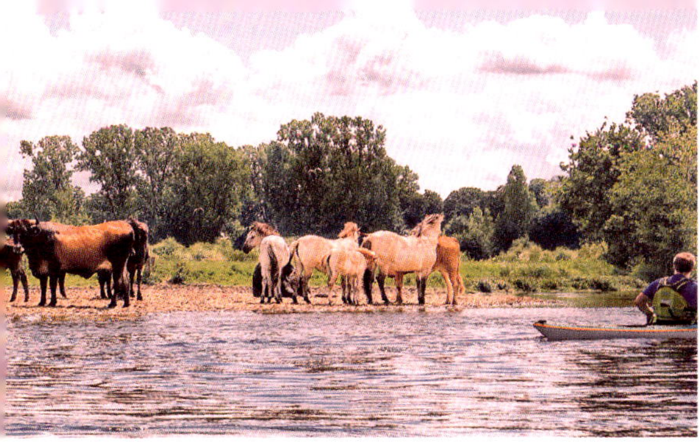

Wildpferde und Taurusrinder können vom Wasser aus beobachtet werden

Wem nach dieser Tagestour der Sinn eher nach Grillen steht, kann den *Grillplatz Benninghausen* (mit Grillhütte) bei Franz-Josef Bertelt mieten. Zwei Minuten (400 m) sind vom Ausstieg bis zur Feuerstelle direkt an der Lippe zu laufen. Alternativ bietet sich der *Aussichtsturm* am Nordufer zum Picknick an. Wer den 1,2 km langen Fußweg, teils entlang der Lippe, nicht scheut, kann abends in der historischen Gaststube bei *Loesmann auf der Heide* einkehren.

Grillplatz Benninghausen
(02945) 55 44

Loesmann auf der Heide
(02945) 56 60
Do-Sa ab 17, So ab 11

Nach der Anlegestelle in **Benninghausen** unterqueren wir sofort die Fußgängerbrücke am Wehr. Darunter ist vom *ehemaligen Wehr* lediglich ein *kleiner Schwall oder leichte Strömung* übriggeblieben, der ohne Schwierigkeiten durchpaddelt werden kann.

ehemaliges Wehr
kleiner Schwall
s. Detailskizze 10
Seite 51

LIFE-Projekt Lippeaue

Die „naturnahe Umgestaltung der Lippe und ihrer Aue" im Rahmen des LIFE-Projekts „Lippeaue" wurde 2015 abgeschlossen. Die Lippeaue wurde zum Lebensraum bedrohter Tier- und Pflanzen-Arten und als Rückhalteraum für Hochwasser. Dadurch wurden die Wiedervernässung von Wiesen und Weiden und die Entstehung von Auwald gefördert, seltene Arten wie Storch und Uferschwalbe kehrten zurück.

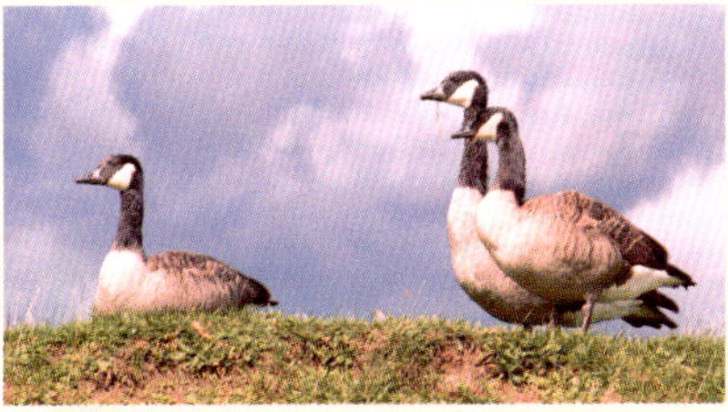

Für die Menschen wurden mit einem neuen Wegenetz – Bohlenwege, Lippeauenpfad, Aussichtshügel sowie zwei Aussichtstürmen und der Lippefähre „LUPIA" in Hamm-Oberwerries attraktive Möglichkeiten geschaffen, um sich in der Lippeaue zu erholen und die vielfältige Natur hautnah zu erleben.

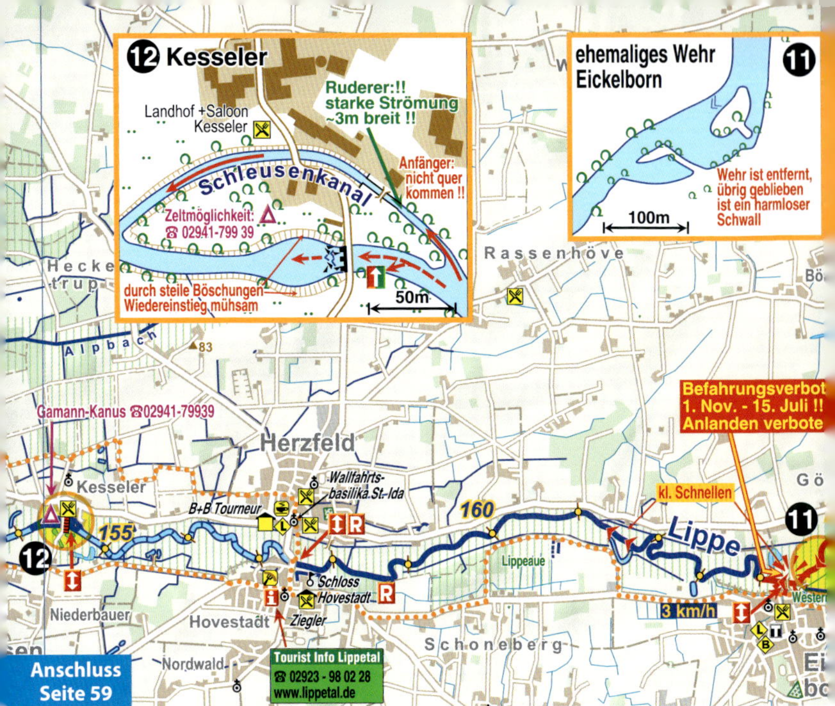

Anschluss Seite 59

Klostermersch & Westernmersch

km 166,5 - 164
ganzjährig Uferbetretungsverbot
1.11.-15.7. Befahrungsverbot

Jetzt beginnt das *NSG Klostermersch* (auch hier grasen Taurusrinder als genügsame Landschaftspfleger und Wildpferde auf den Lippeauen), anschließend folgt das *NSG Westernmersch*. **Diese knapp drei Kilometer dürfen zwischen 1.11. und 15.7. nicht befahren werden.**

Bereits 1996 / 1997 wurde im Pilotprojekt der Auenrenaturierung die Flusssohle angehoben. Der höhere Wasserspiegel erlaubt seither wieder den Blick in die Landschaft mit Auwäldern und freien Flächen.

km 164,6
kleine Schwälle

ehemaliges Wehr Eickelborn
s. Detailskizze 11 Seite 50

Bis **Eickelborn** lockern weitere *harmlose Schwälle* den Abschnitt auf. Einer davon entstand durch den Rückbau des *Wehrs vor Eickelborn.* Hier ist es rechts sehr flach.

Kurz danach windet sich der Fluss in westliche Richtung. Von links mündet zwischen dichtem Bewuchs der ***Trotzbach***. Wir kommen an eine kleine Brücke.

km 164,3

Dahinter ist am linken Ufer eine *Anlegestelle (Navi: Zum Lippesteg, Lippstadt)*, die von BEOconcept als Startpunkt

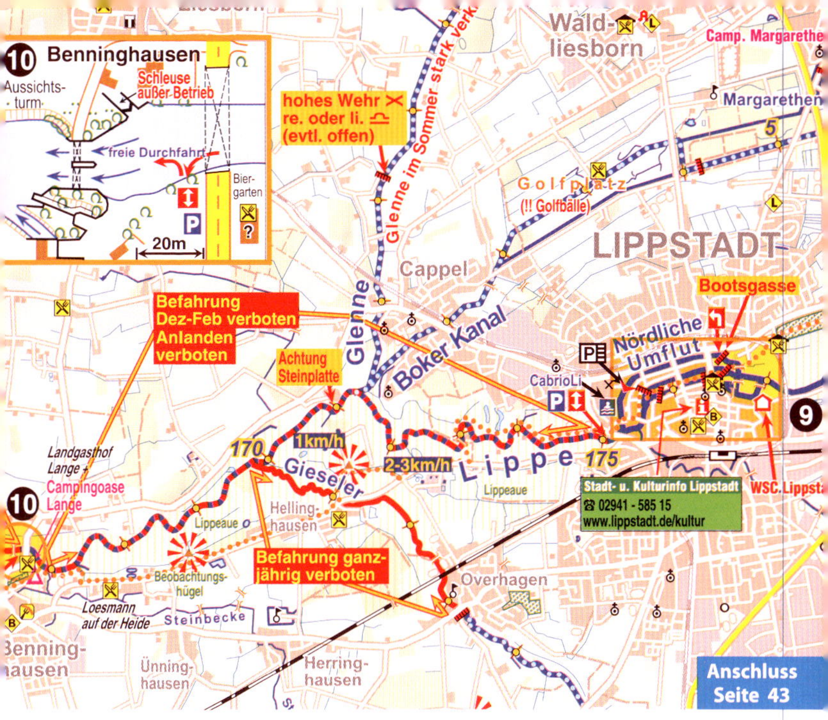

für die Tour bis nach Lippborg genutzt wird. Je nach Wasserstand ist auch hier ein kleiner *Schwall*.

Der Lippstädter Stadtteil **Eickelborn** ist vor allem als Standort des LWL-Zentrums für Forensische Psychiatrie bekannt. Rund 300 Meter müssen wir nach Süden laufen, um in der *Pizzeria di Marco* einzukehren. Geliefert werden die Pizzen erst ab 17 Uhr. Noch knapp 300 Meter weiter gibt es nahe des Kreisverkehrs einen Lebensmitteldiscounter sowie eine Bäckerei.

kleiner Schwall

Pizzeria di Marco
(02945) 20 17 71

Die Lippe fließt sanft weiter durch die beschauliche, sehenswerte Auenlandschaft bis bald am rechten Ufer hinter den Bäumen ein imposanter weißer Kirchturm auftaucht.

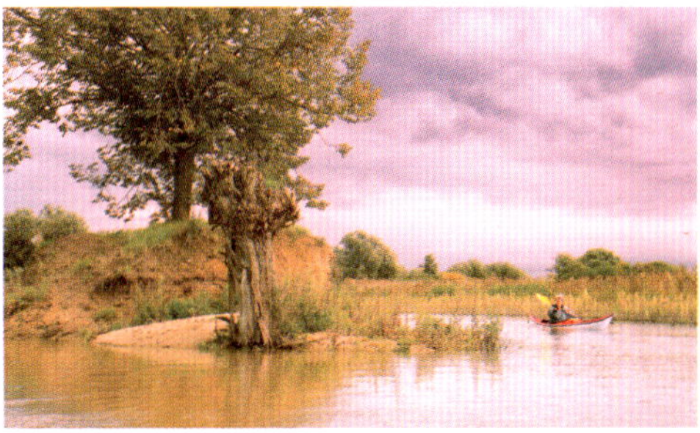

km 158,7 Links lädt ein *Rastplatz* im Wald zur Pause ein. Unterhalb lässt sich in der kleinen sandigen Bucht an Steinstufen bequem aus dem Boot steigen. Es ist aber auch nicht mehr weit bis zur nächsten offiziellen *Anlegestelle* mit interessanten Besichtigungsmöglichkeiten.

km 157,6 Vor der Straßenbrücke zwischen **Hovestadt** und **Herzfeld** legen wir am rechten Ufer an einem kleinen Steinstrand an. Ein Parkplatz befindet sich auf der anderen Straßenseite, also hinter der Brücke. Kanuverleih Harry Hengst bietet von der hiesigen Anlegestelle ausgehend eine Tagestour (nach Vereinbarung) nach Lippborg an. *Infotafeln informieren uns über die **Römer-Lippe-Route** und den **Auenlandradweg**.* *Siehe dazu Seite 54.*

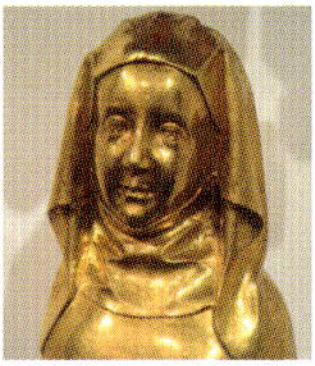

*Informiert wird auch über Ida, eine Nichte Karls des Großen, die 786 eine der ersten christlichen Kirchen Westfalens errichtete. Im nördlich der Lippe gelegenen Herzfeld, dem größten Dorf der Gemeinde Lippetal, wurde 1900 mit dem Bau der **St. Ida Kirche** in ihrer heutigen Form begonnen. Die neugotische Basilika mit der Grabkrypta der bereits 980 heilig gesprochenen Ida wurde 1903 vom Bischof von Münster eingeweiht.*

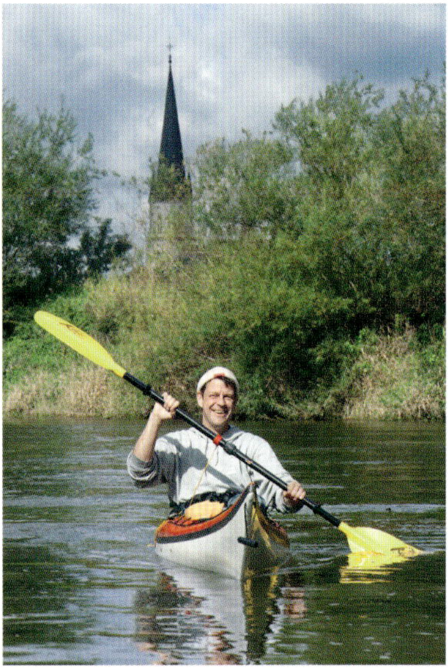

Die St. Ida Kirche taucht am rechten Ufer auf

Das 88 Meter hohe Bauwerk, dessen Turm wir bereits einige Zeit vom Fluss aus sahen, wird zu Recht ***„Weißer Dom Westfalens"*** genannt.

300 Meter laufen wir an der Landstraße entlang nach **Herzfeld** rein. Am Ortseingang links steht seit 1888 das *Haus Tourneur* – in fünfter Generation im Besitz der gleichnamigen Familie. Ulrike und Alexander Tourneur bieten *Bed & Breakfast* in vier hellen, geschmackvoll in frischen Pastelltönen dekorierten Zimmern an. Die

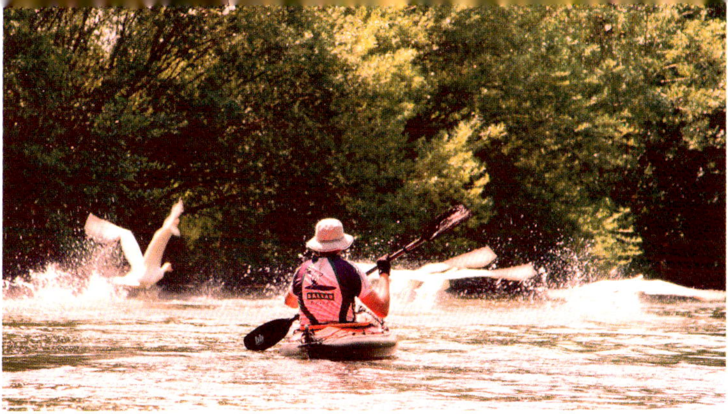

Leider lässt es sich nicht immer vermeiden, Schwäne zu stören

Suite hat eine eigene Sauna und eine Dachterrasse. Vom nach Süden gelegenen Garten blickt man auf die Lippeauen. Oder nach Osten auf die St. Ida Basilika.

Direkt am Kirchplatz beginnt das umfangreiche gastronomische Angebot **Herzfelds** mit der *Gaststätte Domschänke*. Am nahen Kreisverkehr bietet das *Café Twin* Feingebäck, kleine Gerichte und selbstgemachtes Eis feil. In der Diestedder Straße lockt seit 1869 *Stratbücker´s Gasthaus* mit einem wunderschönen Biergarten und einer kreativen und hochwertigen Küche.

Aber auch ein Spaziergang von der Anlegestelle über die Lippebrücke nach **Hovestadt** lohnt sich. Liegt doch am südlichen Lippeufer das aus einer den Übergang über die Lippe sichernden Burg hervorgegangene alte ***Wasserschloss Hovestadt***.
Erstmals 1292 urkundlich erwähnt, führte die strategisch günstige Lage dazu, dass die Burg während des Mittelalters mehrfach zerstört und wieder aufgebaut wurde. Bis zu ihrer heutigen Form wurde dann das im Stil der Renaissance erbaute Wasserschloss umgestaltet und erweitert. Seit 1733 bewohnen die Grafen von Plettenberg das Schloss. Der Barockgarten aus dem 18. Jh. wurde 1997 restauriert. Er umfasst ein in Westfalen einzigartiges Heckentheater. Der Garten kann im Rahmen einer Führung der Gemeinde Lippetal *(www.lippetal.de)* besichtigt werden, das Schloss nicht.

Rund 400 Meter sind von der Anlegestelle bis zum Schloss zu laufen. Gegenüber vom Schloss befindet sich

Bed & Breakfast Haus Tourneur
(300 m entfernt)
(02923) 972 90 17

Gaststätte Domschänke
(02923) 379

Café Twin
(02923) 14 41

Stratbücker´s Gasthaus
(02923) 972 91 01

Führungen Barockgarten
(02923) 980-228
od. (02923) 980-0

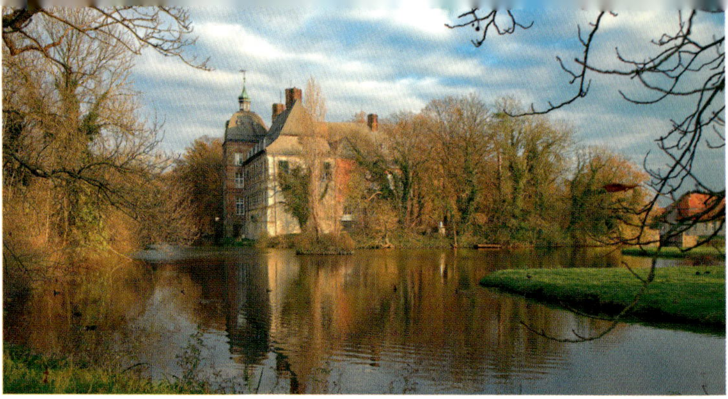

Das Wasserschloss Hovestadt am südlichen Lippeufer

Gaststätte & Café Ziegler
(02923) 503

die **Gaststätte Ziegler** *(17-24, Di Ruhetag, So 14.30-18)*, wo auch übernachtet werden kann.

Wir paddeln unter der Straßenbrücke in Hovestadt hindurch. In weiten Bögen fließt die Lippe nach Westen.

km 154,4

Kesseler
mittig fahrbar od. über Schleusenkanal re umfahren
s. Detailskizze 12 Seite 50

Nach drei Kilometern hören wir das Rauschen des *Kesseler Wehrs* unterhalb der Straßenbrücke. Rechts zweigt der *Schleusenkanal* ab. Da wir die heutige Etappe in **Kesseler** beenden wollen, halten wir uns links und landen vor dem Wehr links am Steinstrand an.

Gamann Kanus
0171-580 14 40

Landhof Kesseler
0162-392 64 80

Mit dem Bootswagen ziehen wir die Kanus über die Brücke auf die zur ***Kesseler Mühle*** gehörende Insel. Hier kann bei **Gamann Kanus gezeltet** werden. *Der 1829 vom Grafen von Plettenberg erbaute Gasthof „Kesseler Mühle" ist geschlossen.* Wenige Meter weiter kann man im **Landhof Kesseler/Café-Saloon** *(ab 17, Sa+So ab 12, Di+Mi Ruhetag)* lecker einkehren. Für die Zelt-Übernachtung stehen Toiletten zur Verfügung (keine Duschen).

Der ***Radweg „Auenland"*** (Symbol Schnepfe) führt von **Lippstadt** über **Hellinghausen, Benninghausen, Eickelborn, Hovestadt, Lippborg** bis **Vellinghausen**. Entlang der **35 km** finden Sie Beobachtungshütten, Aussichtspunkte und Sitzplätze. Info-Tafeln informieren über verschiedene Themen.

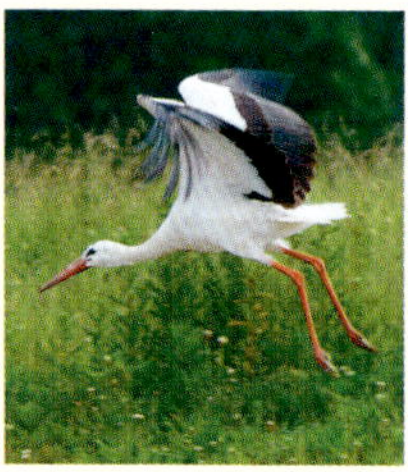

Alternativ kann man auf ***Naturerlebniswegen*** wie ***„Lippeaue Lippborg" (5 km)*** oder ***„Lippeaue Herzfeld" (6,4 km)*** die Lippe zu Fuß erleben. www.naturerlebnis-auenland.de

Tagestour 5: **Kesseler bis Uentrop, 15 km**

Ruhige Strecke mit interessanten Besichtigungsmöglichkeiten am Ende.

Touranbieter: *Gamann Kanus.*

km 154,4

Kesseler
mittig fahrbar od. über Schleusenkanal re umfahren
s. Detailskizze 12 Seite 50+59

Beim Start an der ***Kesseler Mühle*** *(Navi: Zur Mühle, Lippetal)* haben wir die Wahl. Entweder können wir es nach dem Einsetzen am Steinstrand oberhalb der Brücke ***mittig befahren*** oder noch mal hundert Meter flussaufwärts paddeln, um in den ***Schleusenkanal*** abzubiegen. Die alte Schleuse ist noch gut zu erkennen, aber längst nicht mehr in Betrieb. So können Boote aller Art auf flotter Strömung durch den schmalen Kanal das Wehr umfahren. Dritte Variante: links aussetzen und über die Brücke umtragen (mühsam):

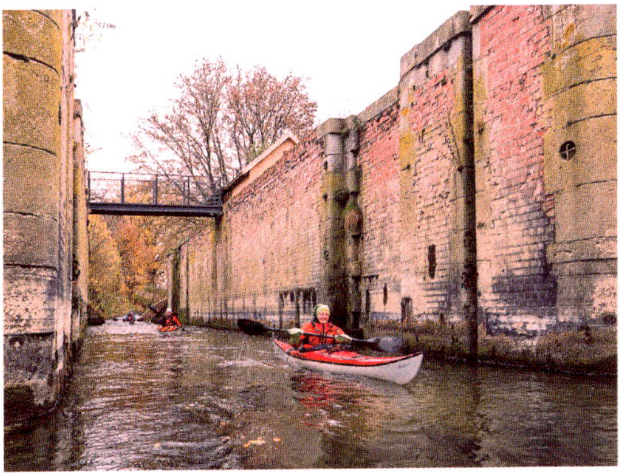

Die Lippe wird nun etwas gleichförmiger, breiter und beschreibt deutlich weniger Mäander.

km 149,4

Kurz vor der Fußgängerbrücke zwischen **Hultrop** und dem Gewerbegebiet ***Rommersch*** sind am rechten Ufer Betonstufen zum Anlanden (mühsam). Der Platz davor reicht jedoch kaum für ein Boot aus. Der Strand auf der gegenüberliegenden Seite bietet zumindest nach Regenwetter auch keine wesentlich bessere Alternative.

Sänkers Windmühle
(02307) 663 38 99
Mai-Sep
1. Sa Monat 14-17

Etwa 1 km zu Fuß nach Süden, gelangt man an der B 475 zu ***Sändkers Windmühle*** in **Heintrop**. *Ein Technisches Kulturdenkmal mit Mühlenmuseum von 1813. Die Mühle ist Mai-Sep jeden 1. Sa im Monat, am Pfingstmontag* ***„Deutscher Mühlentag"****, im Aug zum* ***Lippetaler Fahrradthon*** *und im Sep zum* ***Tag des offenen Denkmals*** *geöffnet.*

Die Lippe schlängelt sich wieder in engeren Windungen in nordwestliche Richtung. Die Ufer sind weniger dicht

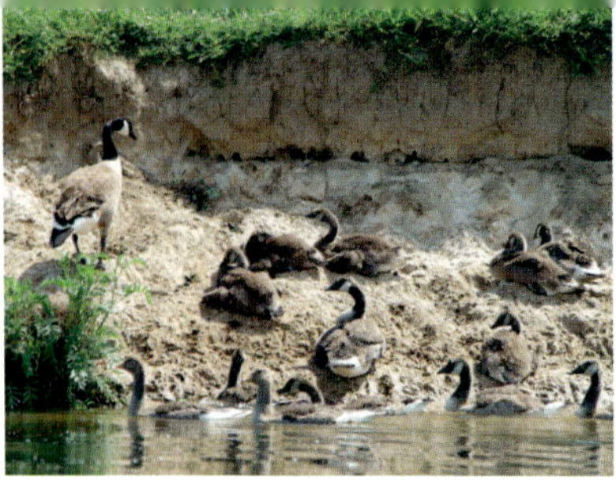

bewachsen und sandig. Sie werden von Schwänen und Kanadagänsen bevölkert. Kühe stehen am und teilweise im Wasser.

Als am rechten Ufer die denkmalgeschützte katholische ***Kirche St. Cornelius und Cyprian*** von Lippborg in Sicht kommt, stakt davor ein Weißstorch durch die Wiese. *Der neugotische Bau wurde 1859 eingeweiht und sein Turm im Jahre 1875 ergänzt.*

km 145,3 Vor der Straßenbrücke der B 475 zwischen **Lippborg** und **Heintrop** mündet rechts die ***Quabbe***. Direkt an der Mündung ist die *Anlegestelle Lippborg* *(Navi: Heintroper Straße, Lippetal).*

Der Kanuverleih Harry Hengst lässt hier seine Tour ab Kesseler Mühle enden und die nach Hamm-Uentrop beginnen. Achtung: Die Anlegestelle ist eine Löschwasserentnahmestelle, bitte hier nicht parken. Parkmöglichkeit auf öffentlichem Parkplatz an der Kirche (ca. 300 m).

Schifffahrt auf der Lippe

Bereits die Römer nutzten den von ihnen „Lippia" genannten Fluss, um Güter auf kleinen Schiffen zu transportieren. Behindert durch Schiffmühlen, Sandbänke und Zollschranken erlangte die Schifffahrt jedoch lange Zeit keine große Bedeutung. Erst ab 1826 war die Lippe durchgängig bis Lippstadt schiffbar, nachdem Schleusen und Umgehungskanäle gebaut worden waren. Pferde auf Treidelpfaden zogen Frachtkähne mit Salz, Getreide, Eisenerz, Steinen und Kohle flussauf. Die Dampfschifffahrt konnte nie richtig Fuß fassen. Als im 20. Jh. vermehrt Gütertransporte für die Industrie benötigt wurden, nutzte man dafür den Lippe-Seitenkanal, der sich aus dem 1914 fertiggestellten Datteln-Hamm-Kanal und dem Wesel-Datteln-Kanal (1930) zusammensetzt. Heute sind auf der Lippe lediglich drei kostenlos benutzbare Seilfähren für Fußgänger und Radfahrer im Einsatz: Die „Lupia" in Hamm, „Baldur" in Dorsten und „Quertreiber" in Wesel.

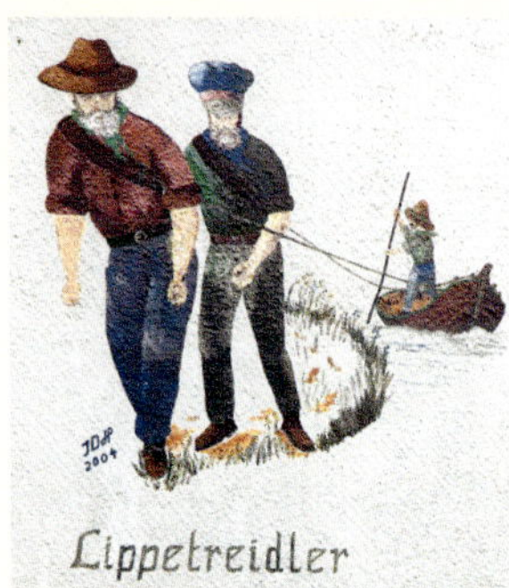

Unweit der Raststelle liegt hinter Bäumen verborgen der *Gasthof „Willenbrink"* in **Lippborg**. Wer sein Kanu die 150 Meter zum Gelände transportiert (Unterstellmöglichkeit), kann die ausgezeichnete Küche, wie z.B. „Knuspriges Ardeyer Landhähnchen mit gefülltem Kohlrabi, dazu Kartoffelpüree mit Wildkräuteröl", genießen und muss danach nur noch eine Treppe hinauf zum weichen Bett. Für Ausflüge stehen den Hausgästen Fahrräder zur Verfügung. Wem mehr nach Schnitzel oder Cevapcici ist, der ist im *Lippborger Hof* richtig. Gegenüber gibt es auch noch eine ***Pizzeria*** und die Straße weiter einen ***griechischen Grill-Imbiss***.

Gasthof Willenbrink
(02527) 208
(Mo+Di Ruhetag)

Lippborger Hof
(02527) 919 78 00

*Wenige Schritte westlich des Ortes, an der B 475, steht die **Ludgerusbrunnenkapelle**, 1856 in regelmäßigem Achteck mit einem kleinen Glockenturm erbaut. Der Brunnen gilt als „Denkmal der Missionstätigkeit des hl. Ludgerus" und wurde 1662 zum ersten Mal urkundlich erwähnt.*

*Dreieinhalb Kilometer nordöstlich des Ortszentrums steht das **Wasserschloss Haus Assen**. Die „Borch to Assen" existierte bereits im 11. Jh. Nach einer wechselvollen Geschichte und einigen Erbstreitigkeiten kaufte Heinrich von Galen das Anwesen und bezog es 1653. Matthias Graf von Galen ließ das Haus grundlegend erneuern und Mitte des 19. Jahrhunderts die neogotische Schlosskapelle errichten. Bis 1997 blieb es im Besitz der Familie, dann schenkte Christoph Bernhard Graf von Galen den im Stil der Lipperenaissance erbauten Wohnsitz der Ordensgemeinschaft „Diener Jesu und Mariens".*

Auf dem Weg dorthin kommt man an der an der ***Quabbe*** gelegenen, mehrere hundert Jahre alten ***Wassermühle „Quabbe-Mühle Lippborg"*** vorbei.

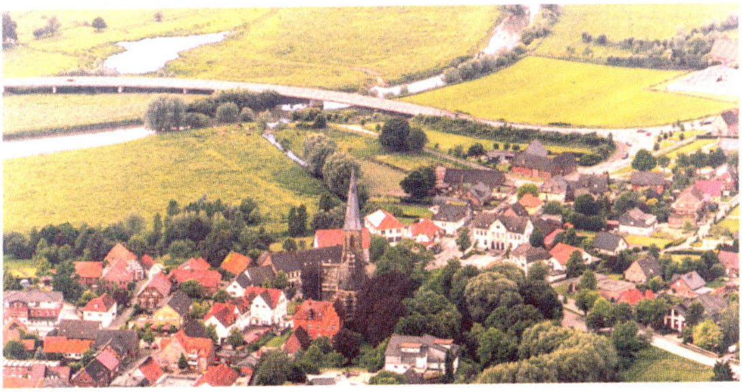

Blick auf Lippborg mit der Quabbe, die vor der Brücke in die Lippe mündet

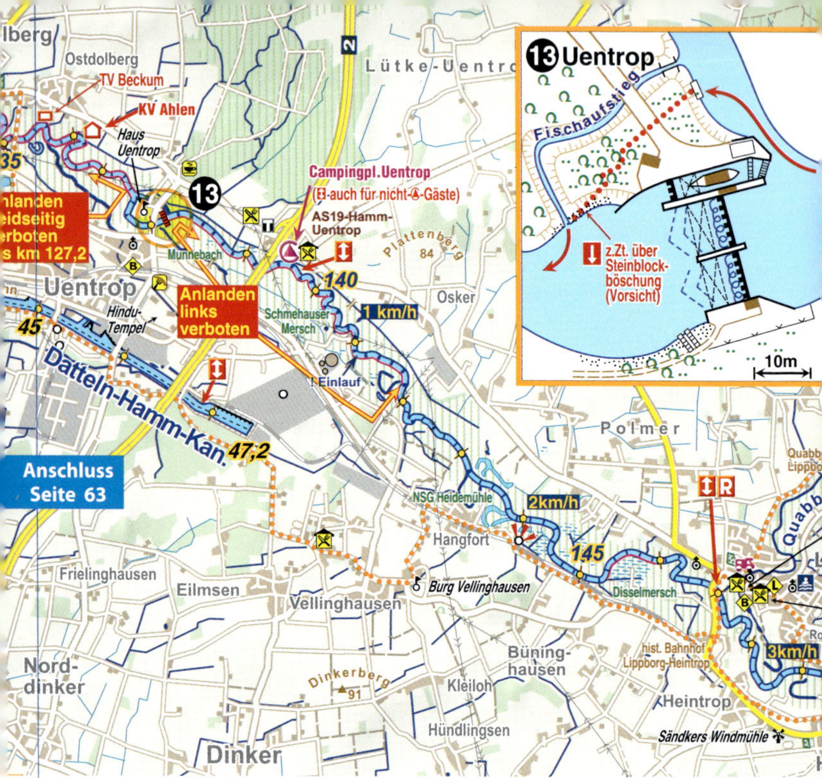

NSG Südlich der Lippe bietet sich eine *Radtour* durch das ***NSG Ahsewiesen*** an (etwa 4 km von Lippborg). Ein 9 Meter hoher ***Aussichtsturm*** eröffnet weite Blicke über das Feuchtgebiet mit seiner vielfältigen Tier- und Pflanzenwelt.

Chur-Kölnisches Amtshaus
(02923) 82 18

Richtung Osten ist es von hier nicht weit nach **Oestinghausen**. *Dort ist die romanische **St.-Stephanus-Kirche** aus dem 13. Jh. das älteste Lippetaler Bauwerk. Im **Chur-Cöllnischen Amtshaus** aus dem 16. Jh. mit seiner reich verzierten Fachwerkfassade, hat der Heimatverein ein zentrales **museales Heimathaus** eröffnet (Besichtigung nach Vereinbarung).*

km 141,8 - 138
Uferbetretungsverbot, zügig durchfahren

Wir paddeln dem stillgelegten Kraftwerk Westfalen entgegen. Die Lippe beschreibt eine enge Rechtskurve. Links und rechts des Flusses wurden im Rahmen der Renaturierung wieder mehrere wasserführende Gräben in die Flussaue gezogen. ***Daher ist auf den nächsten Kilometern Anlanden verboten. Gebiet zügig durchfahren.***

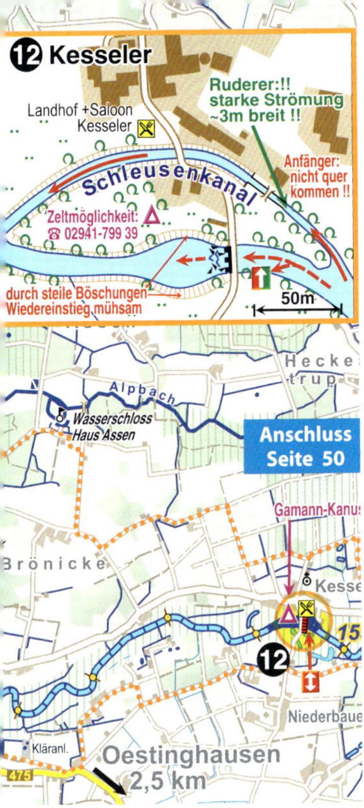

Dafür schlägt hier das Herz eines jeden Vogelliebhabers höher. Auf den nächsten ein, zwei Flusskilometern sehen wir Kandagänse, Schwäne, Stockenten, Kormorane, Haubentaucher, Uferschwalben und Kiebitze.

km 141 Vorbei an einer ***Pegelmessstation*** am linken Ufer nähern wir uns dem gigantischen Kraftwerk Westfalen, an dem der ***Datteln-Hamm-Kanal*** endet. Die riesigen Kühltürme des stillgelegten Kraftwerks dominieren das linke Ufer und über den sich sanft durch die Auen schlängelnden Fluss verlaufen Hochspannungsleitungen. *Im Großkraftwerk wurde bis 2021 Steinkohle „verstromt". Inzwischen sind alle Kraftwerksblöcke abgeschaltet.*

Als wir bereits das Rauschen der A 2 hören, passieren wir den ehemaligen Kühlwassereinlauf des Kraftwerks. Durch die Kühlung hatte der Fluss einst im Mittel- und Unterlauf eine unnatürlich hohe Wassertemperatur. In heißen

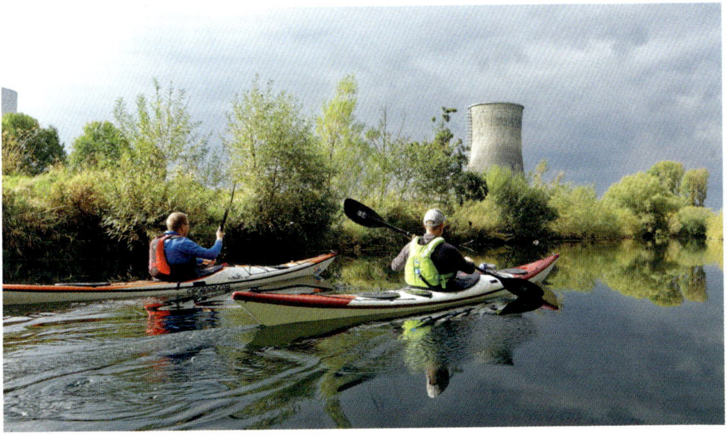

Im Kraftwerk Westfalen wurde bis 2021 Steinkohle verstromt

Sommern mussten einzelne Blöcke abgeschaltet werden, um die Fischbestände nicht zu gefährden. Ausgesetzte Exoten wie Schnappschildkröten und Piranhas fühlen sich hingegen erstaunlich wohl.

km 139,6

Campingplatz Uentrop
(02388) 437

Hotel Helbach
(02388) 23 30

Vor der Autobahnbrücke in **Uentrop** liegt am rechten Ufer der 90.000 Quadratmeter große *Campingplatz Uentrop* mit Blick auf Kraftwerk und Autobahn. Dauercamper behaupten, der Autobahnlärm wäre auf dem Platz nur wenig zu hören. Das dem Platz angeschlossene *Hotel Helbach 800°* ist aber vermutlich trotzdem die noch ruhigere Übernachtungsalternative.

km 138,2

Uentrop
unfahrbar, rechts in den Schleusenkanal li umtragen
s. Detailskizze 13 Seite 58

Wir paddeln unter der Autobahnbrücke hindurch und erreichen nach etwas mehr als einem Kilometer das *unfahrbare Wehr Uentrop.* Vor dem Wehr geht es rechts in den *Schleusenkanal*, dann legen wir links an einem Holzsteg an. Der befestigte Weg liegt gleich oberhalb.

Hierher *(Navi: Zollstraße, Hamm)* bringen Gamann Kanus und Kanuverleih Harry Hengst ihre Mietboote. Diese *Anlandestelle* ist auch mit öffentlichen Verkehrsmitteln zu erreichen *(Bahnhof Uentrop oder Bushaltestelle „An der Uentroper Kirche“)*. Parken am Schleusenarm nicht mehr möglich, bitte entlang der Zollstraße am Randstreifen.

Wer dem Weg über die Straße hinweg folgt, kann einen Blick auf ***„Haus Uentrop“*** werfen. *Das 1720 errichtete Wasserschloss, das von einem Park umgeben ist, befindet sich jedoch in Privatbesitz und kann nicht besichtigt werden. Das Gebäude, von dem aus der Lippeübergang nach Dolberg gesichert wurde, steht unter Denkmalschutz.* Hier gibt es auch einen Parkplatz.

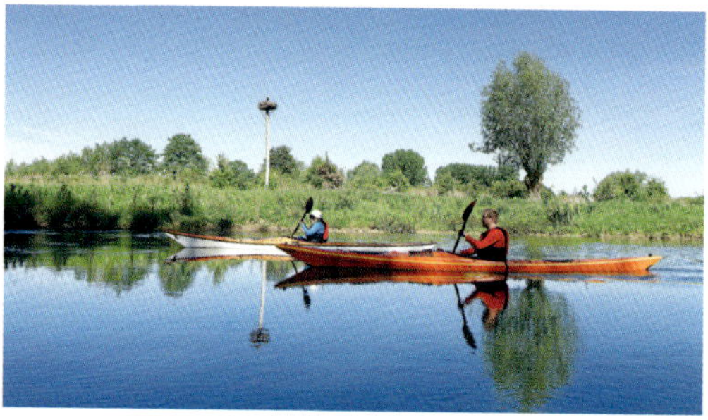

Durch die Renaturierung sind auch die Störche zurück

Wer den Kilometer zu Fuß nicht scheut, findet in südlicher Richtung den sehenswerten, im Jahre 2002 eingeweihten ***Hindu-Tempel Sri Kamadchi Ampal*** inmitten eines Industriegebietes.

Die Architektur des Tempels, der zu den größten Europas gehört, verbindet farbenprächtig und eindrucksvoll hinduistische Elemente mit der betont sachlichen Wirtschaftsarchitektur des späten 20. Jahrhunderts. Der Tempel ist tagsüber geöffnet und es finden täglich drei Gottesdienste statt.

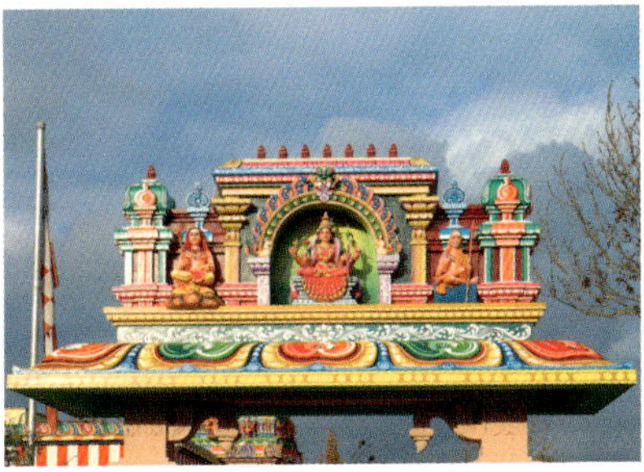

Tagestour 6: **Uentrop bis Ruderclub Hamm, 15 km**

Tour mit drei Schlössern, zwei netten Biergärten und der Stadt Hamm zum Abschluss.

Touranbieter: ***Gamann Kanus*** und ***Kanuverleih Harry Hengst.***

km 138,2

Uentrop
im Schleusenkanal links umtragen
s. Detailskizze 13 Seite 58

Wer weiterpaddeln oder in **Uentrop** seine Tagestour beginnen möchte, kann das *Wehr Uentrop* im *Schleusenkanal links umtragen.* Man trägt sein Boot über einen Trampelpfad an der Fischtreppe entlang durch einen kleinen Wald ins Unterwasser. Dort über eine Steinschüttung einsteigen. Vorsicht rutschig!

Die Tagestour nach Hamm macht klar, warum die Lippe in Anlehnung an ihr von Schlössern gesäumtes französisches Pendant die „Loire Westfalens" genannt wird, denn neben dem ***Wasserschloss „Haus Uentrop"*** direkt am Einstieg werden noch zwei weitere stattliche Bauten folgen.

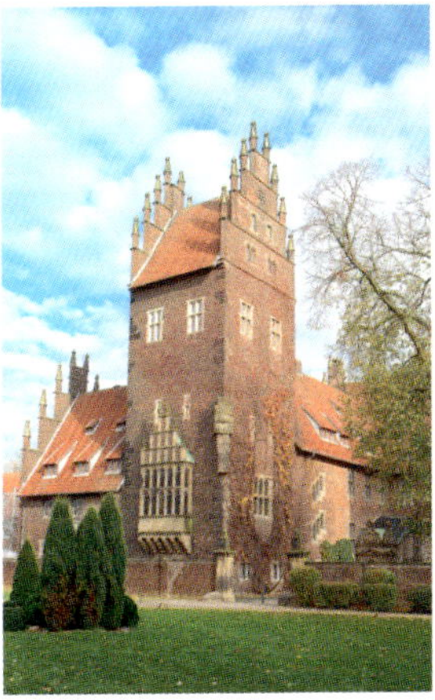

Schloss Heessen – Drehort für den Film „Die wilden Hühner"

Die zügige Strömung unterhalb des Wehrs nimmt uns mit. Wir passieren die Straßenbrücke, unter der der ***Munnebach*** von links mündet. Nach einer langgezogenen Rechtskurve fließt von rechts der ***Schleusenkanal*** wieder in die Lippe. **km 137,5** ***Auf den folgenden zehn Kilometern bis zur Schleuse am Schloss Heessen dürfen wir die Ufer des mäandernden Flusses abermals nicht betreten.***

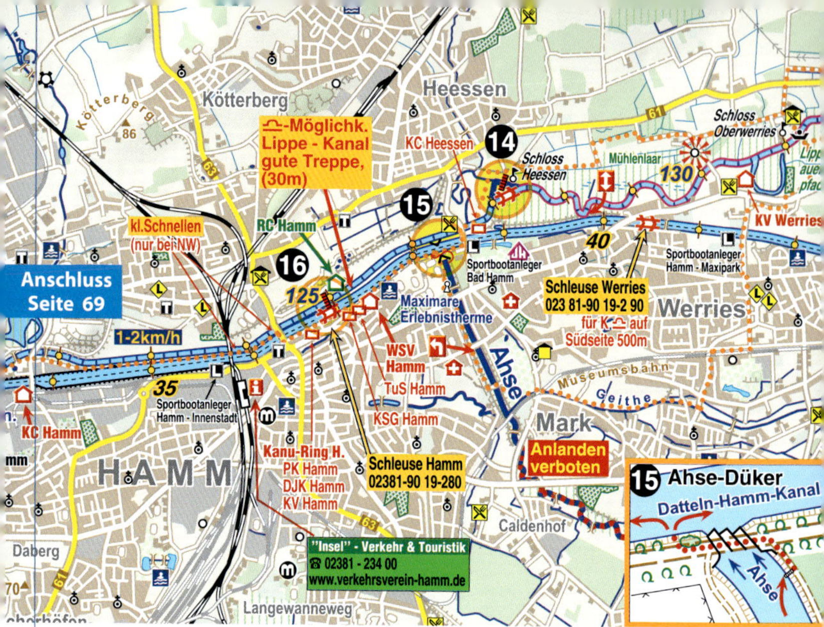

km 137,5 - 127,2 Uferbetretungsverbot links

Bei den bald folgenden Kanuvereinen kann man jedoch anlanden.

km 136,2

KV Ahlen
(02388) 25 79

In einer langgezogenen Linkskurve liegt rechts das Bootshaus des *Kanu-Vereins Ahlen.* An Betonstufen kann an der „DKV Kanustation" ausgestiegen werden. Übernachtungen im eigenen Zelt sind auf dem Vereinsgelände möglich. Nach Voranmeldung ist auch die Nutzung des Matratzenlagers im Bootshaus möglich.

km 135,7

TV Beckum
(02521) 821 65 66
01512-414 29 51

Nur 500 Meter weiter ist das *Bootshaus* der Kanuabteilung des *TV Beckum* in einer engen Linkskurve am rechten Ufer. Das Bootshaus steht auf einer Anhöhe, unterhalb kann an Holzstufen ausgebootet werden. Hier darf nach Voranmeldung das eigene Zelt aufgebaut werden, es gibt allerdings keine Frischwasserversorgung.

Wir paddeln unter einer Stahlbrücke hindurch, die ehemals zu einer Zechentrasse gehörte. Heute wird sie von Radfahrern und Spaziergängern genutzt und wirkt dafür ziemlich überdimensioniert. Abermals passieren wir die zahlreichen Elektro-Hochspannungsleitungen, die schon zu Beginn dieser Etappe zu sehen waren.

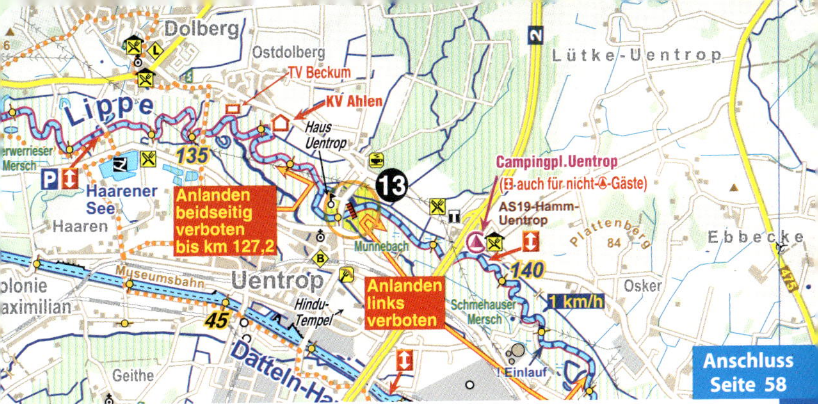

Anschluss Seite 58

In den teils steilen Ufern des renaturierten Flusses finden sich Nisthöhlen der Uferschwalbe. Durch die Renaturierung entstanden in diesem Bereich einige neue Mäander. Sandablagerungen machen den Fluss stellenweise recht flach, vor allem in den Innenkurven.

Zwischen **Dolberg** und **Haaren** überspannt eine Brücke den Fluss. Hier könnte man das Boot verlassen. Auch gibt es am linken Ufer einen Parkplatz.

km 133,6

Rund 300 Meter die Straße hinunter kommt man zum ***Haarener See***, einem rekultivierten Baggersee – ein *Badessee* mit Sandstrand, Liegewiese und Beachvolleyballplatz. Von der Sonnenterrasse kann das Treiben auf der Wasserskibahn (Neoprenanzug, Schwimmweste, Wasserski oder Wakeboards können ausgeliehen werden) bei Kaffee und Kuchen beobachtet werden.

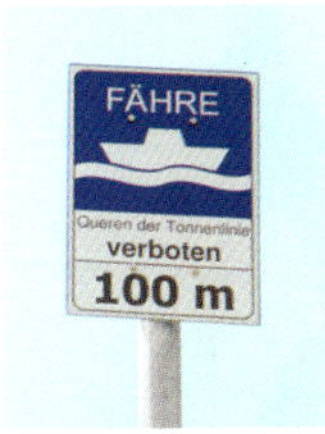

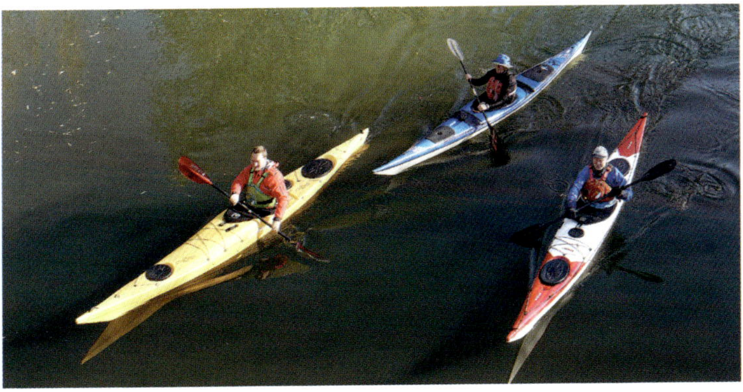

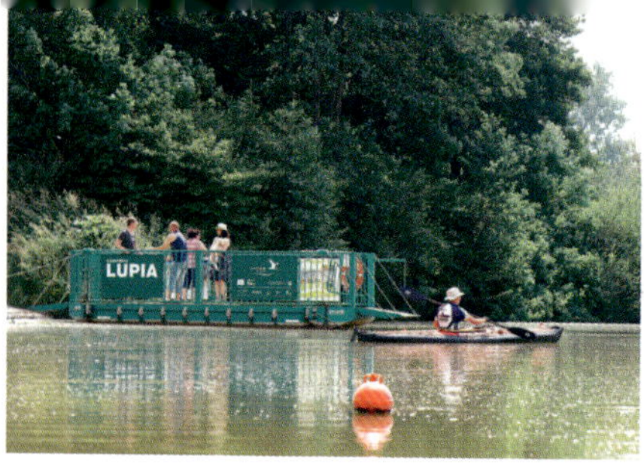

Wir paddeln weiter an den sandigen Ufern entlang, fahren selbstverständlich nicht in den ***Altarm*** rechts hinein, genießen die unglaubliche Stille bis nach knapp zwei Kilometern eine Seilfähre die Lippe quert.

km 131,3

Als dritte ***Selbstbedienungsfähre*** für Radfahrer und Fußgänger auf der Lippe muss auch die „Lupia" mit eigener Muskelkraft zum anderen Ufer gebracht werden. Sie verkehrt am ***Schloss Oberwerries,*** wo bereits Anfang des 20. Jh. eine Fähre Fußgänger über den Fluss brachte. Am südlichen Ufer kann zu einem Spaziergang auf dem ***Lippeauenpfad mit Infotafeln*** gestartet werden.

km 131

Schloss Oberwerries
Übernachten im Torbogenhaus
(02381) 17 35 32

Schlosscafé
(02388) 30 00 00
Apr-Okt tgl. 11-18

Am Ende der Schlossanlage am rechten Ufer legen wir an einem Schwimmsteg unterhalb von Steinstufen an. Das zweiflügelige ***Wasserschloss Oberwerries*** ist unbedingt einen Besuch wert. *Es wurde 1284 erstmals im Lehensregister des Grafen von Limburg im Besitz des Engelbert von Herbern genannt. Seit 1942 ist die aus den zahlreichen Gebäuden zusammengewachsene Schlossanlage im Besitz der Stadt Hamm und ist heute beliebte Bildungs- und Begegnungsstätte. In der Broschüre „Wenn das Mondlicht auf der Gräfte geistert. . . Die Geschichte des Schlosses Oberwerries" verrät Günter Beaugrand Wissenswertes über das Schloss.*

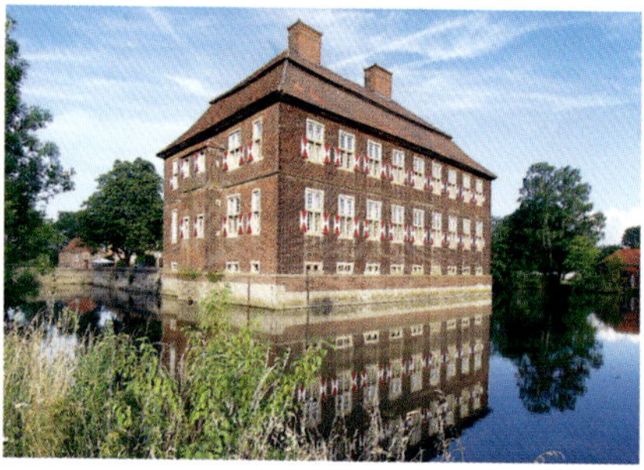

Im ***Torbogenhaus*** (bett & bike) können auch Einzelreisende übernachten. Das ***Schlosscafé*** wird vom Westfälischen Turnerbund betrieben. Es hat in der Saison *(Apr-Okt)* von 11 bis 18 Uhr geöffnet. Bei schlechtem Wetter geschlossen!

km 130,6

KV Werries
www.kv-werries.de

400 Meter unterhalb des Anlegestegs zweigt links ein Arm der ***Alten Lippe*** ab. Ein Bisam schwimmt auf das dichte Seerosenfeld im Altarm zu. An diesem liegt rechts das ***Bootshaus des Kanuvereins Werries***. Hier kann nach

Anmeldung gezeltet werden. 150 Meter vom Bootshaus entfernt bietet das *Restaurant Haus Wiemer* *(Di-So 11-22)* Balkanspezialitäten und argentinische Steaks.

Restaurant Haus Wiemer
(02381) 835 19

Ein Spaziergang ermöglicht den ***Aussichtsturm Niederwerrieser Weg,*** nördlich der Lippebrücke, zu besteigen. Mit einem fest installierten Fernrohr hat man einen herrlichen Blick in die *Lippeauen*.

km 130,2

Wir paddeln zwar auch unter der Brücke Niederwerrieser Weg durch, dürfen hier jedoch nicht anlanden. Den Aussichtsturm, das Storchennest und über 100 Kanadagänse sehen wir aber auch aus den Booten. Der Fluss verläuft nur ganz kurz dicht an der Landstraße entlang, was uns ausnahmsweise mal Straßengeräusche hören lässt.

km 128,4

In einer besonders weit nach Süden reichenden U-förmigen Kurve ist am linken Ufer eine Rampe neben einer Pegelstation (mögliche Ausstiegstelle).

km 127,4

Heessen
li umtragen
s. Detailskizze 14

Wir erreichen bald die *Schleuse* in **Heessen.** Vor dem Schleusentor paddelt man links in einen ganz kleinen Stichkanal, an dessen Ende an einer Rampe ausgestiegen werden kann. NICHT vorher links in den Fischaufstieg einfahren! Die Schleuse wird *links umtragen*. Bevor man weiterpaddelt, sollte man auf die andere Seite der Schleuse laufen und über das unfahrbare Wehr zum ***Schloss*** **Heessen** gehen.

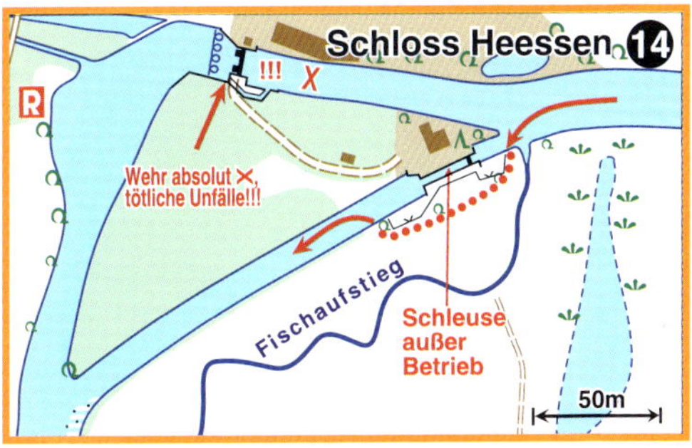

Das 975 erstmals erwähnte ***Schloss Heessen*** *ist seit dem Tod des Freiherrn Dietrich von Boeselager im Jahr 1920 nicht mehr Wohnsitz der Familie. Stattdessen sind hier eine Privatschule und ein Internat untergebracht. Also nicht die Gebäude betreten. Stattdessen beim Pförtner fragen, ob man sich die aus Backstein gebaute Anlage mit zwei 30 Meter hohen Treppengiebeln von außen anschauen darf. Im Schloss wurde 2008 der Kinofilm „Die Wilden Hühner und das Leben" (nach der Buchreihe von Cornelia Funke) gedreht.*

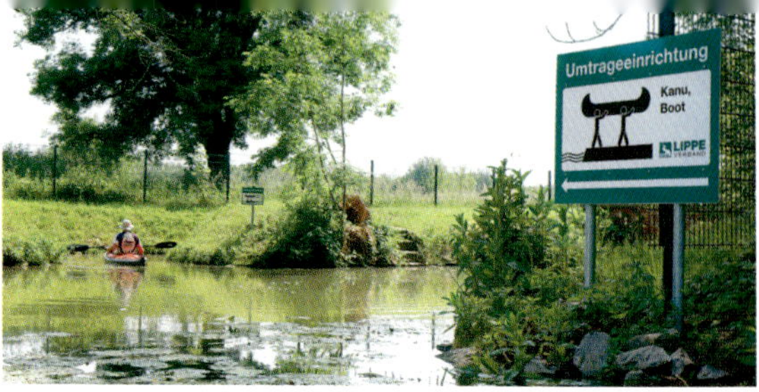

Umtragestelle Schloss Heessen

Unterhalb der Schleuse geht es im ***Schleusenkanal*** weiter. Der vereinigt sich bald wieder mit dem ***Wehrkanal*** (von rechts) und dem Fischaufstieg (von links).

km 126,6

Hotel-Restaurant Bootshaus
(02381) 98 76 50

Hinter der nächsten Brücke liegt am rechten Ufer das *Hotel-Restaurant „Bootshaus"* *(Di-So ab 12)* mit großer Sonnenterrasse oberhalb einer Betonwand. An deren Ende kann man an einem Mini-Steinstrand anlanden. Wer hier übernachtet, kann das Boot sicher am Hotel lagern.

km 125,2

Ruderclub Hamm von 1890
(02381) 326 72

Gastronomie Am Ruderclub
(02381) 326 71
Di-Fr ab 17, Sa ab 15, So ab 11

Hamm *unfahrbar, re 250 m umtragen*
s. Detailskizze 16 Seite 68

Wir folgen der Lippe und legen am *Schwimmsteg des Ruderclubs Hamm* am rechten Ufer an. Auf der großen Terrasse werden neben Deftigem auch leckere Erdbeerschnitten und guter Espresso serviert.

Wer weiterpaddeln möchte, muss das *Wehr 250 Meter umtragen* (Bootswagen!).

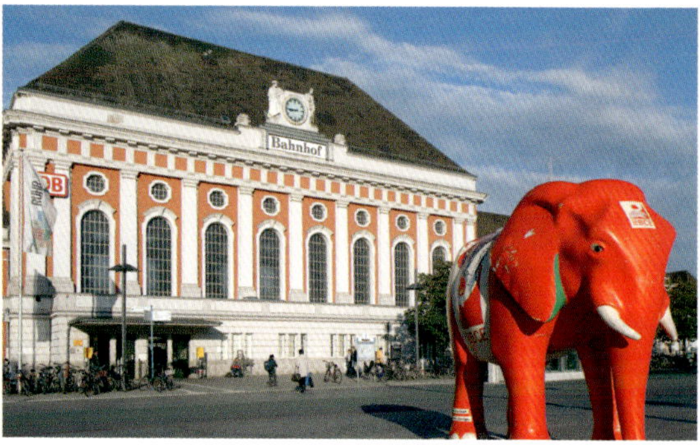

Bahnhof Hamm

Zurück zum PKW am Gut Lippesee mit ÖPNV

Wer kein Auto auf dem nahen Parkplatz deponiert hat, läuft ca. 30 Min. zum Hbf **Hamm**. Der Zug braucht eine Stunde bis nach **Paderborn**. Dort geht es weiter mit dem Bus (Linie 6 od. 68) in 20 Min. zur Haltestelle „Pb-Sande, Hohe Kamp" und noch 700 m zu Fuß zum **Gut Lippesee**.

2. Abschnitt: 4 Tagestouren von Hamm bis Datteln

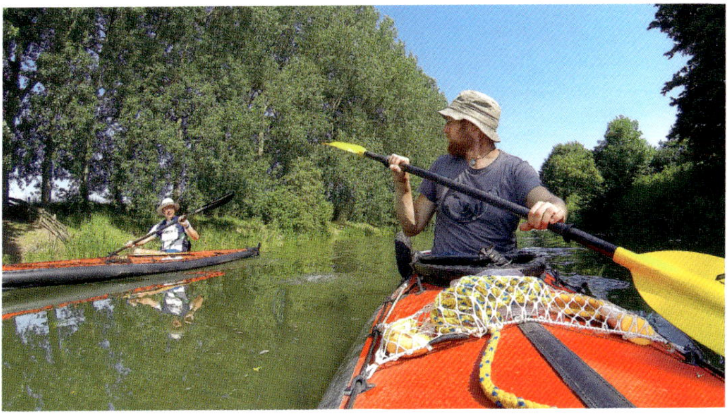

Ruhiges Dahingleiten, fernab jeglicher „Zivilisation"

Einsetzstelle

In **Hamm**, am Wehr unterhalb des Ruderclubs Hamm (km 125,2) am rechten Ufer *(Navi: Hamm, Jupp-Eickhoff-Weg 2)*. Gastronomie, Parkmöglichkeit, Zimmer in der Nähe.

Aussetzstelle

Bei **Datteln**, 200 Meter vor der Brücke der B 235 am linken Ufer (km 77,3) *(Navi: Ringofen 9, Datteln)*. Parkmöglichkeit. Gegenüber Hotel „Zur Rauschenburg", Gastronomie, Zimmer.

Länge und Dauer der 4 Etappen

ca. 48 km, mind. 2 Tage für die ganze Strecke oder 4 Tagestouren.

Befahrungsregeln

Km 118,3 - Km 81,6 Befahrungsverbot vom 4.10.-31.3., übrige Zeit max. 15 Boote in 5 Durchgängen + Uferbetretungsverbot, Flussmitte fahren, Anmeldung (www.kanu-nrw.de).

Km 86,4 - Km 77,2 Anlandeverbot, außer an den 15 offiziellen Stellen.

6 Wehre mit Umtragung

⓰ *Wehr* **Hamm** (250 m)
⓱ *Wehr* **Werne-Stockum** (30 m)
⓲ *Wehr* **Werne-Evenkamp** (50 m)
⓳ *Wehr* **Lünen-Beckinghausen** (60 m)
⓴ *Wehr* **Buddenburg** (200 m)
㉑ *Wehr* **Haus Dahl** (50 m, mühsam)

Kanuwagen erforderlich.

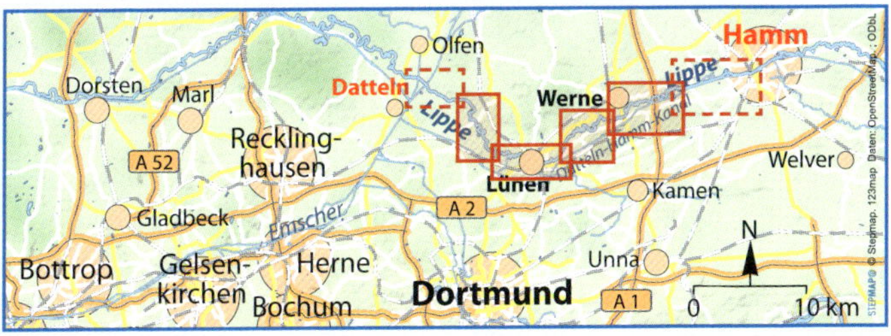

Verbindung: **Hamm bis Werne-Stockum, 8,5 km**

Zugegeben: Die folgenden knapp neun Kilometer rechtfertigen den Lobgesang auf den Naturraum Lippe am wenigsten. Sie sind vor allem für jene Paddler interessant, die den Fluss möglichst komplett befahren möchten. So hässlich, wie in alter Paddelliteratur beschrieben, ist der kanalartige und somit eintönigere Verlauf jedoch nicht.

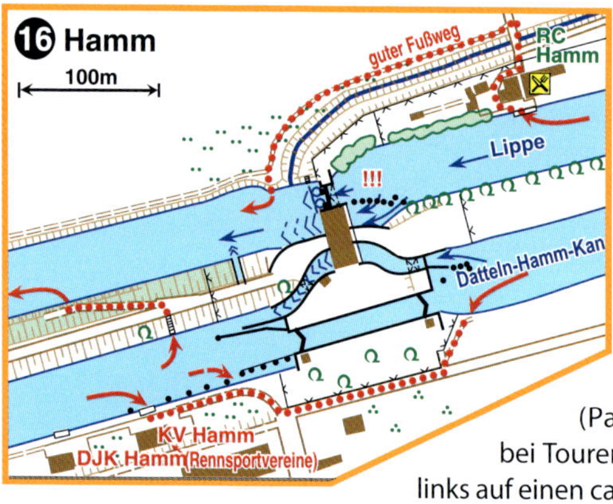

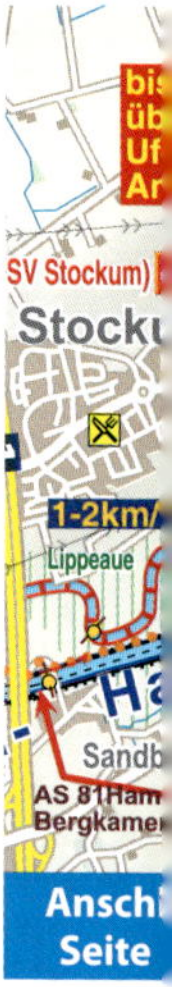

Die *Umtragung* beim Ruderclub Hamm ist recht komfortabel (Bootswagen vorausgesetzt). Man verlässt das Gelände, geht über eine kleine Brücke und schwenkt auf dem Parkplatz (Parkmöglichkeit bei Tourenbeginn) gleich links auf einen ca. 2,5 Meter breiten Splittweg neben einem Wassergraben (unbefahrbar). Am Ende des Weges ist ein

km 124,9 kleiner Strand, an dem eine Gittersteinwand einen guten Einstieg bietet. Hier geht es unterhalb des hübschen Schleusengebäudes weiter.

Wir paddeln in leichter Strömung nach Westen, unterqueren die Straßenbrücke der Münsterstraße und schaukeln über *kleine, harmlose Schnellen*. Der Fluss führt jetzt immer wieder dicht an den parallel verlaufenden ***Datteln-Hamm-Kanal*** heran.

km 123,9 Unter der Eisenbahnbrücke kämen wir (wenn auch nicht besonders komfortabel) aus dem Boot. Von hier liegt der Bahnhof **Hamm** nur 350 Meter entfernt.

Auf den nächsten sechs Kilometern verläuft die Lippe fast schnurgerade. Es gibt jedoch einiges zu schauen: am südlichen Ufer eine Getreidemühle, in der jährlich 270.000 Tonnen Getreide zu Weizenmehl vermahlen werden, eine Ölmühle und die großen silbernen Tanks des Ölhafens.

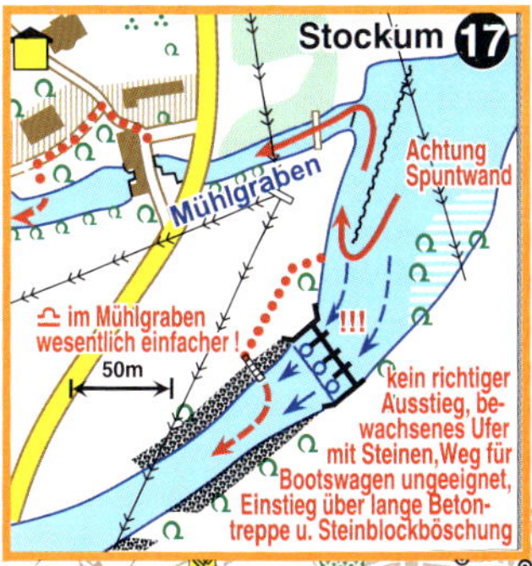

Nach einer weiteren Straßenbrücke ragen am nördlichen Ufer die drei mächtigen Kühltürme des Gersteinwerks in den blauen Himmel. Das Verstromen von Steinkohle wurde 2019 hier eingestellt. Nur noch die mit Erdgas betriebenen Blöcke des kombinierten fossilen Dampfkraftwerks werden genutzt.

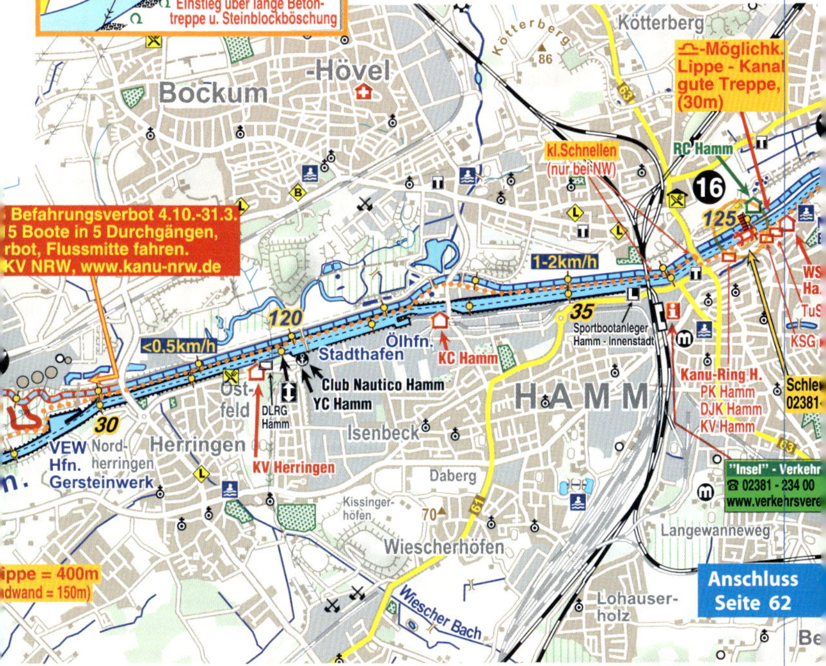

km 118,3 - km 81,6

Straßenbrücke zwischen **Herringen** und **Bockum** bis Brücke **Vinnum**

4.10. bis 31.3. Befahrungsverbot!

In der übrigen Zeit max. 15 Boote in 5 Durchgängen und nur in der Flussmitte paddeln. Ganzjähriges Uferbetretungsverbot.

Eine vorherige Anmeldung zur Befahrung ist erforderlich

(siehe dazu auch „Einschränkungen" Seite 19).

km 117,1

Stokkum
unfahrbar,
30 m umtragen
s. Detailskizze **17**
Seite 69

Wir passieren einen gesperrten ***Altarm*** links und erreichen das *unfahrbare Wehr* von **Stockum.** Ein Angler lässt uns am unbefestigten rechten Ufer (Vorsicht: davor ist unter Wasser eine Spundwand) unsere Faltboote aus dem Wasser ziehen, die wir über einen Acker zu den Steinstufen im Unterwasser tragen.

Pension Rasche
(02389) 36 23
Frühstück auf Anfrage

Eine günstige Übernachtungsmöglichkeit findet, wer vorher im Oberwasser in den ***Mühlenkanal*** abbiegt, an der Straßenbrücke aussteigt und 150 Meter zur *Bauernhofpension Rasche* läuft. Mit schweren Booten ist das *Umtragen* hier *an der Mühle* auch die bessere Alternative.

Mittlere Lipperegion

Der folgende, stark mäandernde, naturnahe Verlauf der Lippe zwischen Werne und Haltern (ca. 64 km) ist landschaftlich wieder äußerst reizvoll.

Einzelpaddler müssen sich vorab anmelden: www.kanu-nrw.de/bootsres Die ausgedruckte, eigene Anmeldung ist bei der Befahrung mitzuführen und auf Verlangen vorzuzeigen.

Ausschließlich den Tourenführern der Lippetouristik war es bislang gestattet, unter strengen Auflagen Gruppen durch das größte zusammenhängende Naturschutzgebiet der mittleren Lipperegion zu führen. Die Touren konnten auch von Untrainierten problemlos an einem halben Tag bewältigt werden. Der Shuttleservice oder Transport von Fahrrädern sowie Picknick oder Grillen an der Ausstiegsstelle konnten hinzugebucht werden.

Eine Fortführung der Touren-Angebote der Lippetouristik war bei Drucklegung des Buches noch unklar, aktuelle Infos siehe www.lippetouristik.de

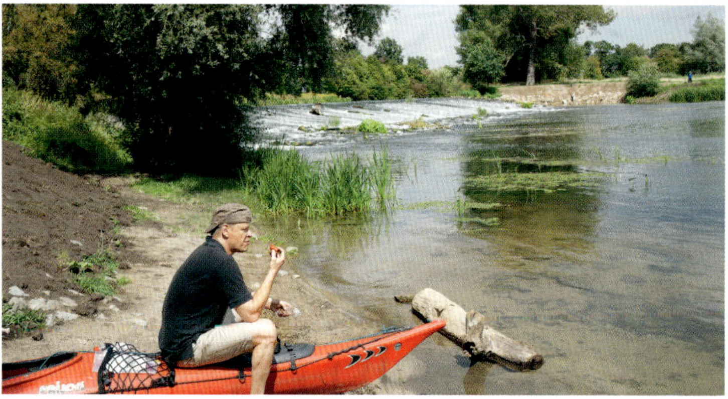

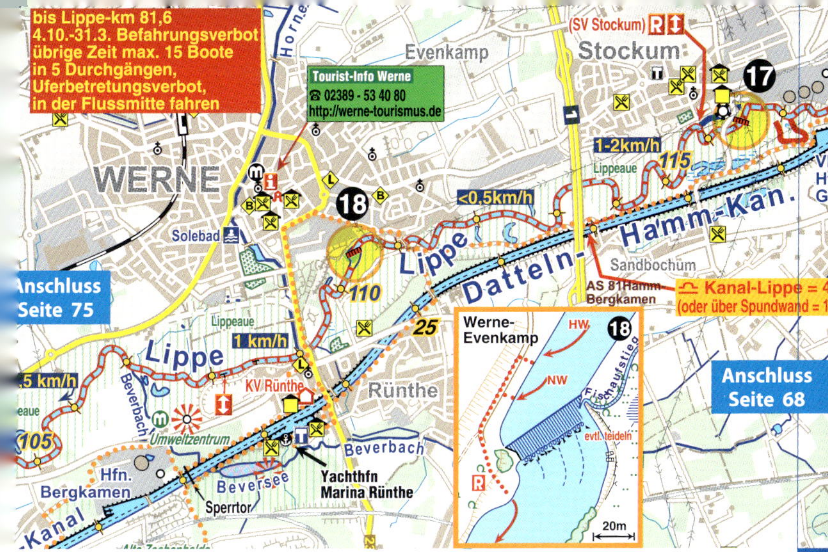

Tagestour 7: **Werne-Stockum bis Bergkamen-Rünthe, 7 km**

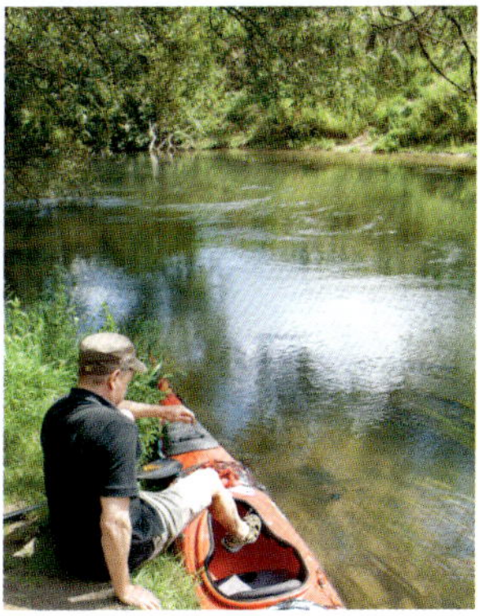

Sehr leichte und landschaftlich reizvolle Tour mit einer Umtragestelle und dem sehenswerten Werne am Tourende.

Einzelpaddler müssen sich vorab anmelden (www.kanu-nrw.de/bootsres).

Touranbieter: evtl. *Lippetouristik* (s. S. 70).

Im wildromantischen ***Mühlenkanal*** *(Navi: Werthweg 1, Werne)* in **Werne-Stockum** beginnt die Tour recht abenteuerlich unter Ästen, die weit über den Fluss hängen.

Der Kanal trifft dort wieder auf die ***Lippe***, wo, wenige hundert Meter nach der Straßenbrücke, auch rechts an der Wiese des Schützenvereins Stockum angelandet werden kann. Hier bietet ein großer Parkplatz *(Navi: Werthweg, Werne)* Platz fürs Auto. 350 Meter nach Norden gibt es an der Werner Straße das *Restaurant Haus Tigelhoff* und einen *EisAutomat*. Ein kühles Getränk bekommt man (am Wochenende) auch im Clubhaus des nahegelegenen Sportplatzes.

km 115,8

Haus Tingelhoff
(02389) 39 49

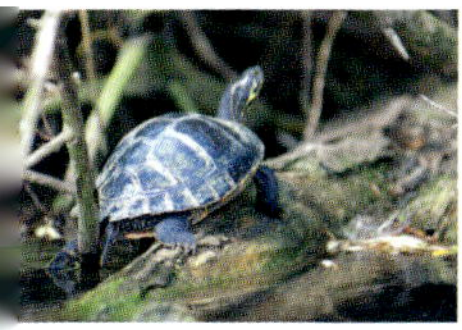

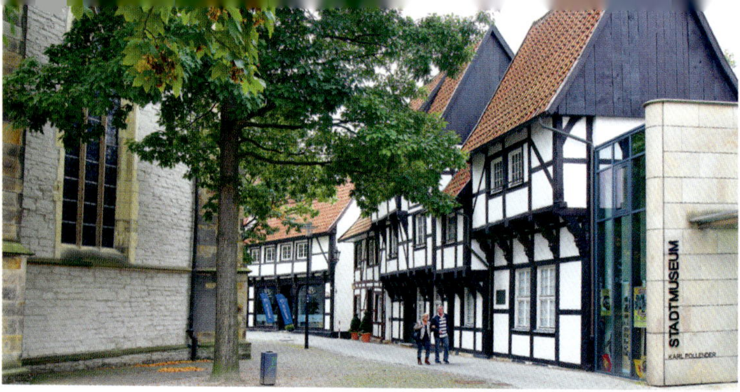

Von **Stockum** aus mäandert die Lippe weiter nach Westen. Wir paddeln an einer auf einem tief im Wasser hängenden Ast in der Sonne ruhenden Schildkröte vorbei und folgen der Lippe unter der Autobahn A1 hindurch.

km 110,5

Evenkamp
evtl. fahrbar,
50 m umtragen
s. Detailskizze 18
Seite 71

Vorbei an einigen bis ans Wasser heranreichenden Grundstücken mit eigenem Bootssteg und einer grün-stählernen Fußgängerbrücke kommen wir ans *Schrägwehr von Evenkamp.* Etwa zehn Meter davor steigt man rechts aus dem Boot und trägt es das kurze Stück bis zum kleinen Sandstrand unterhalb. Mit robusten Booten kann das Wehr, das im Unterwasser mit bewachsenen Steinen gespickt ist, nach Besichtigung auch befahren werden.

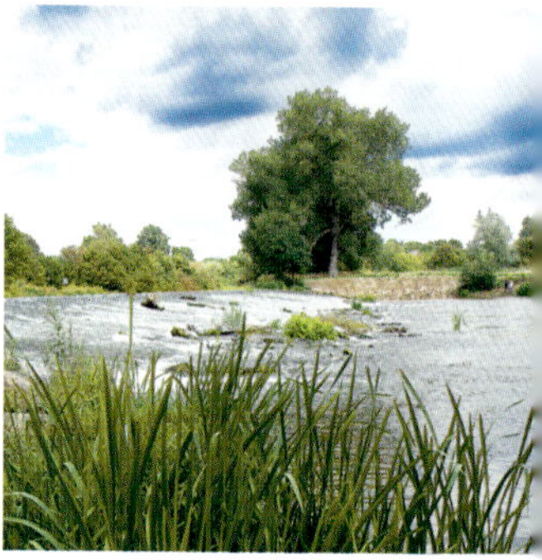

Stadtmuseum
(02389) 78 07 73
Di-Fr 10-12 + 14-17
So 14-17

Solebad Werne
(02389) 989 20
Mo 14-20, Di-So 7-20

Da es keine weitere Anlandemöglichkeit in Fußnähe zu **Werne** gibt, bietet es sich an, von hier 1,4 Kilometer, vorbei am Industriegebiet, in die sehenswerte Altstadt zu laufen. Der historische Stadtkern von **Werne**, das alte Rathaus und die mittelalterlichen Fachwerkhäuser lohnen den Besuch. Im alten Amtshaus findet man das *Karl-Pollender-Stadtmuseum*. Badefreudige können herrlich im *Solebad* (mit Familienbad) entspannen.

Unzählige blauschillernde Libellen schwirren über das Wasser, aus dem immer wieder Fische springen. Unter

Blick auf Werne

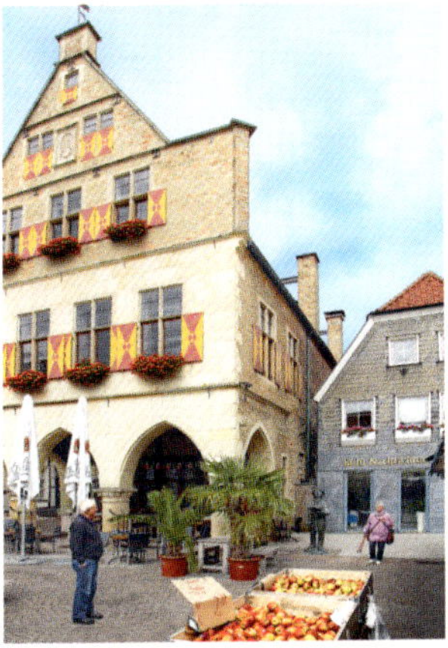

Das historische Rathaus von Werne mit Dreistaffelgiebel

Urkundlich erwähnt wurde Werne erstmals im Jahr 834. Gewerbetreibende siedelten vom 9. bis 12. Jh. um die erste Pfarrkirche an. Marktrechte erhielt Werne 1362 und hielt fortan zu Simon-Juda am 28. Oktober einen freien Markt ab. Bis heute lockt Sim-Jü, der Simon-Juda-Markt, als größte Kirmes an der Lippe Hunderttausende Besucher an.

Das Werner Stadtbild wird vom 1561 fertiggestellten historischen Rathaus geprägt. Auf dem Marktplatz davor wird der Wochenmarkt gehalten. Werne ist nicht nur für seine Altstadt mit Fachwerkhäusern aus dem Mittelalter bekannt. Auch das Warmquellen-Sole-Bad und das benachbarte Gradierwerk sind Anziehungspunkte für Besucher. Die heiße Solequelle wurde 1873 bei Bohrungen nach Kohle entdeckt.

① ***Pfarrkirche St. Christophorus.*** Achteckiger Taufstein, Strahlenmadonna (15. Jh.).

② ***Altes Amtshaus,*** Karl-Pollender-Stadtmuseum.

③ ***Wärmehäuschen/ Spiker*** (um 1400). Eines der ältesten Kleinfachwerkhäuser Westfalens.

④ ***Historisches Rathaus*** (1512-1514). Früher davor auch öffentliche Waage und Pranger.

⑤ ***Kapuzinerkloster St. Petrus und Paulus*** (1677-80). Altäre und Kanzel aus dem 17. Jh.

⑥ ***Südmauer*** (1502) mit jüdischem Friedhof. Ältester Grabstein von 1702.

⑦ ***Roggenmarkt.***

⑧ ***Steinhaus*** (um 1400) / heute Stadtbücherei.

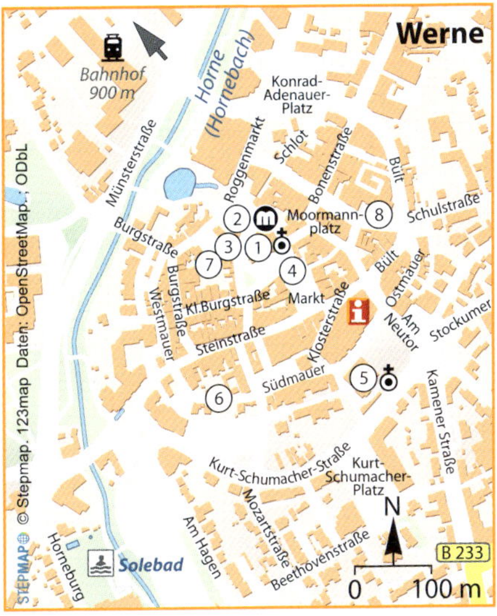

Tourist-Info Werne, Markt 19, Tel. (02389) 53 40 80, www.werne-tourismus.de
Mo-Fr 9-13 + 14.30-17.30 (Apr-Okt auch Sa 10-12)

der Wasseroberfläche wiegen sich Pflanzen im sanft strömenden klaren Wasser. Im weiteren Verlauf begeistert uns eine beeindruckende Vogelvielfalt und der Anblick querender Bisams.

Von links mündet ein kleiner Abzweig des ***Beverbachs***, nach Unterfahren der grau-roten Fußgängerbrücke (ehemalige Zechenbahnbrücke) und der Straßenbrücke der B 233 mündet von rechts die ***Horne (auch Hornebach)***.

km 108,1

Schon bald gelangt man am linken Ufer zu einem unterhalb von Steinstufen liegenden Holzsteg, der seit 2011 als *Einstiegsstelle* für geführte Kanu-Touren dient. Vom hiesigen ***Aussichtsturm*** auf einer Anhöhe lässt sich das ***Landschaftsschutzgebiet „Unterlauf des Beverbaches im Lippetal nördlich Schulze-Heil"*** überblicken.

Umweltzentrum Westfalen & Ökologiestation des Kreises Unna
(02389) 980 90
Mo-Do 8-16, Fr 8-14

Wer sich für Umweltthemen interessiert, sollte das nahe gelegene *Umweltzentrum Westfalen & Ökologiestation Unna* bei **Bergkamen** besuchen. Hier können Bio-Produkte gekauft, der Bauerngarten oder Bienenlehrpfad besucht oder Ausstellungen aus verschiedenen Bereichen der Kunst angeschaut werden. Ferner stehen wechselnde Vorträge im Veranstaltungskalender.

Im Süden ist am ***Datteln-Hamm-Kanal*** das 1981 in Betrieb genommene Steinkohlekraftwerk Bergkamen der Steag AG zu sehen. Betrieb voraussichtlich bis 2024.

Tagestour 8: **Bergkamen-Rünthe – Lünen-Beckinghausen, 9 km**

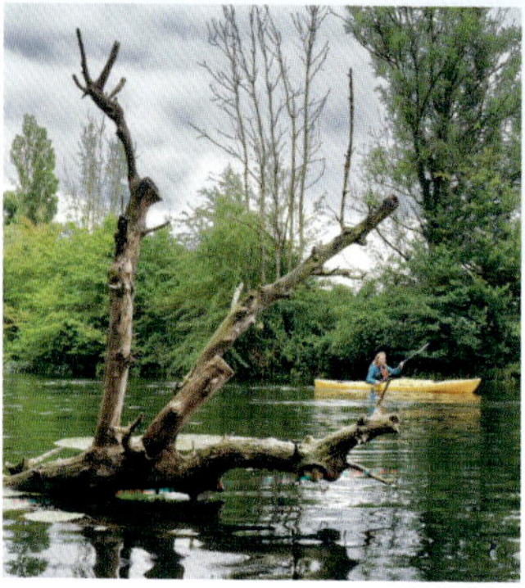

Naturerlebnis in verschiedenen Naturschutzgebieten. Anfängerfreundlich.

Einzelpaddler müssen sich vorab anmelden (www.kanu-nrw.de/bootsres).

Touranbieter: evtl. ***Lippetouristik*** (s. S. 70).

Wer zu dieser Tour anreist, möchte sich vielleicht vorab den beeindruckend großen ***Yachthafen Rünthe*** (Nordrhein-Westfalens größte Marina mit *Womo-Stellplatz*) am ***Datteln-Hamm-Kanal*** anschauen. Oder einen Spaziergang durch

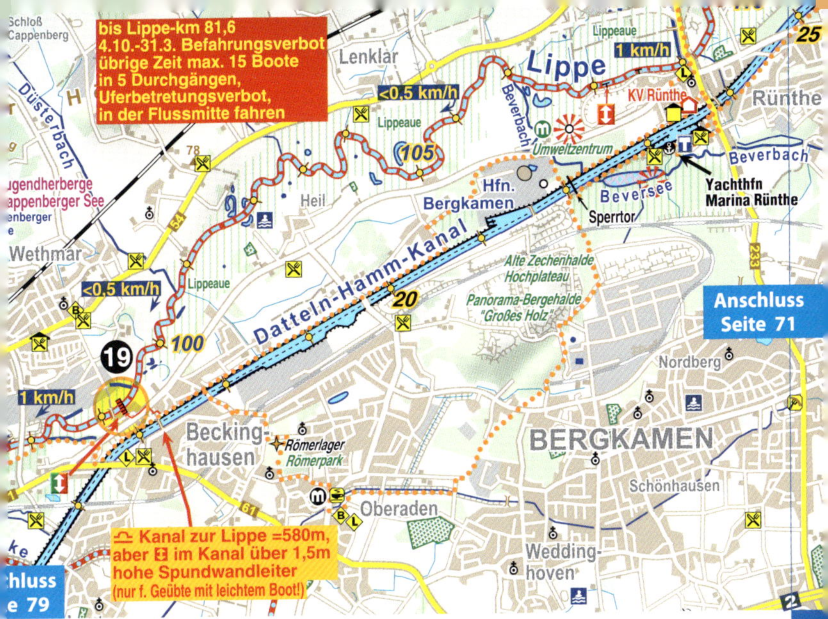

den *Erlebnisraum Halde „Großes Holz“* (frei zugänglich) mit tollen Aussichtspunkten machen. *Der ursprüngliche Wald – das Große Holz – wurde vor der Schüttung abgeholzt, jedoch anschließend rasch wieder rekultiviert. Heute ist die Halde wieder ein toller Naturraum.*

Wir verlassen **Rünthe** in westliche Richtung. Bis Becking- **km 108,1**
hausen ist die Lippe vom Land her kaum zu erreichen. Die Ufer, die wir vom Wasser aus – wie erwähnt – nicht betreten dürfen, sind so dicht bewachsen, dass man ohnehin nur schwer oder stellenweise gar nicht aus dem Boot käme. Ruhe und Naturerlebnis pur erwarten uns beim Durchpaddeln verschiedener *Naturschutzgebiete*. Dabei ist Grün die alles dominierende Farbe. Man fühlt sich, als würde man durch einen Urwald gleiten.

Das Wasser ist hier an die drei Meter tief, aber so klar, dass man bis auf den Flussgrund sehen kann. Am linken Ufer passieren wir bald eine lange Reihe hoher Linden. Dann überspannt eine Hochspannungsleitung den Fluss.

Die Lippe nähert sich kurz der links vom Fluss verlau- **km 105**
fenden Landstraße 736, an der ein einzelner größerer Hof zu sehen ist.

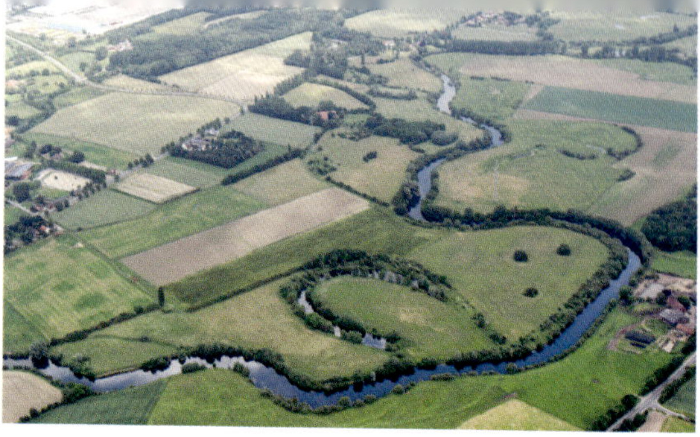

Naturschutzgebiet Lippeaue bei Bergkamen/Heil

Die Strömung ist fast gänzlich zum Erliegen gekommen. Paddelnd den zahlreichen Windungen durch das ***Landschaftsschutzgebiet „Disselkamp mit westlich angrenzenden Lippeweiden"*** folgend, erblicken wir Höckerschwäne, einen Schwarzstorch und einen startenden Graureiher.

km 101,8

Naturfreibad
(02389) 13 35

Wundern Sie sich nicht, wenn Sie plötzlich ausgelassene Rufe durch die Bäume schallen hören. Der dortige linke Altarm der Lippe wird als *Naturfreibad* des **Bergkamener** Stadtteils **Heil** genutzt. Wenig später mündet von rechts der ***Düsterbach (auch Kiliansbach)***.

km 99,3

Wehr Beckinghausen
unfahrbar
s. Detailskizze **19**
Seite 77

Knapp anderthalb Kilometer sind es nun noch bis zum *unfahrbaren Wehr* von **Beckinghausen.** Große Hinweisschilder zeigen uns den Weg zur *Anlegestelle* links vor dem Wehr. An Natursteinstufen können wir am ***Gelände des Lippeverbandes*** bequem aussteigen.

Hier, am Endpunkt dieser Tagestour, steht ein riesiger Parkplatz zur Verfügung *(Navi: An der Fähre, Lünen)*.

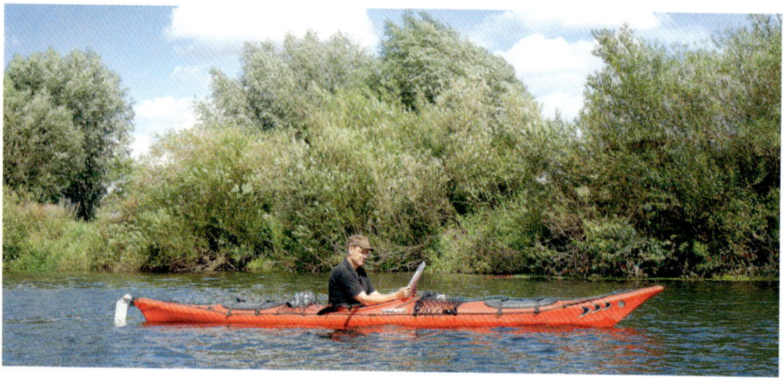

Tagestour 9: **Lünen-Beckinghausen bis Lünen-Buddenburg, 7 km**

Leichte, sehr attraktive und abwechslungsreiche Tour durch Naturschutzgebiete und die Innenstadt von Lünen.

Einzelpaddler müssen sich vorab anmelden (www.kanu-nrw.de/bootsres).

Touranbieter: evtl. ***Lippetouristik*** (siehe Seite 70).

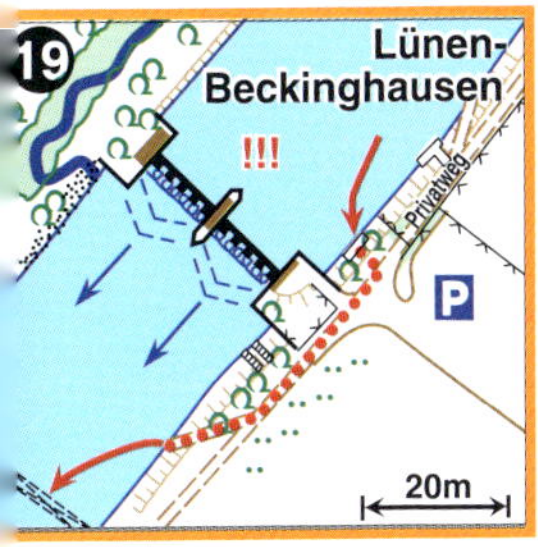

km 99,3

Wehr Beckinghausen
unfahrbar, 60 m umtragen
s. Detailskizze 19 links

60 Meter sind am *Wehr* von **Beckinghausen** bis zur Rampe am Unterwasser zu *umtragen.* Bei niedrigem Wasserstand auf Steine im Wasser achten! Auf der grün-stählernen Fußgängerbrücke sehen wir Radfahrer, die vielleicht der ***Römer-Lippe-Route*** folgen, die von hier in die Lüner Innenstadt und weiter bis nach Wesel führt, wo die Lippe in den Rhein mündet.

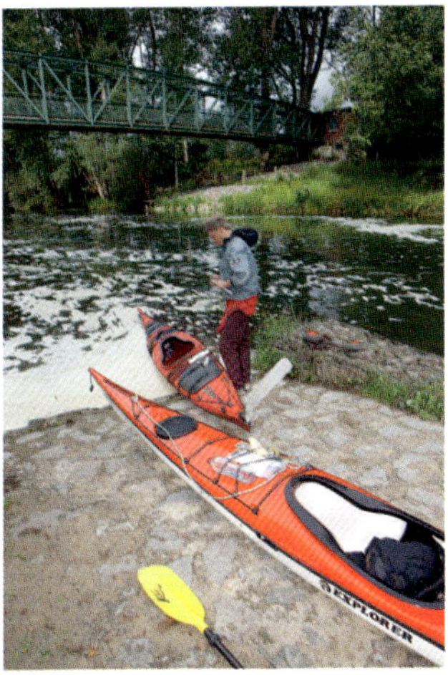

Wir paddeln auf klarem, tiefem Wasser zwischen dicht bewachsenen Ufern weiter. Nach einer Flusswindung nach Norden passieren wir eine Straßenbrücke (Zwolle Allee). Trotz dieses ersten Hinweises auf die 85.000-Einwohner-Stadt **Lünen**, ist die Nähe zur Stadt noch nicht zu spüren. Wir genießen die himmlische Ruhe und die unglaubliche Palette an Grüntönen. Hier und da sitzt ein einsamer Angler am Fluss.

km 97

An den folgenden beiden Eisenbahnbrücken (die vordere aus hellgrünem Stahl, die zweite rostig dunkel) erreichen wir den südlichsten Punkt, den die Lippe in ihrem Verlauf erreicht. Von hier bis Haltern am See fließt sie in nordwestliche Richtung, um sich ab dort wieder ziemlich genau gen Westen zu schlängeln.

km 96,8

Von links mündet die ***Seseke*** und in nördlicher Richtung rücken am rechten Ufer die ersten Gebäude der Stadt ins

Blickfeld. Hinter der Straßenbrücke (Kurt Schumacher Straße, B 236 / B 54) sind wir schon fast mitten im Zentrum von **Lünen**.

km 96

Base Burger
(02306) 959 35 00
Mo-Do+So 17-22
Fr+Sa 17-00

Hotel An der Persiluhr
(02306) 700 90
(250 m entfernt)

Vor der blauen Rundbogenbrücke schaut vom linken Ufer eine rostige Fisch-Skulptur aufs Wasser. Die Brücke (Münsterstraße) verbindet die Fußgängerzone südlich und nördlich des Flusses. Dahinter kann am rechten Ufer an den weißen ***Treppenstufen*** komfortabel ***angelegt*** werden. Gleich oberhalb der sogenannten ***Lippe-Kaskaden*** erfrischen wir uns im ***Base Burger*** an der Promenade mit einer leckeren hausgemachten Limonade.

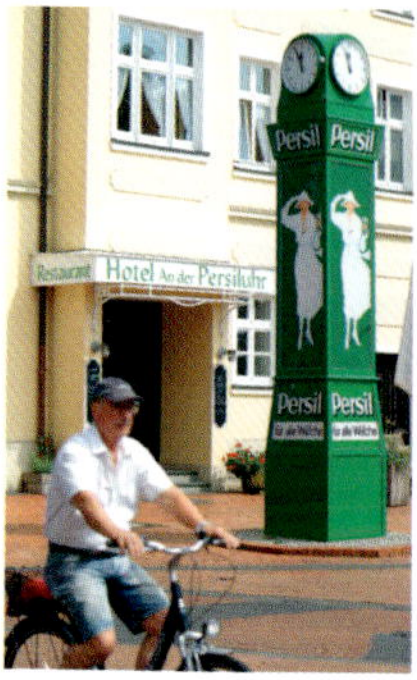

Wer in der um 880 erstmals urkundlich erwähnten größten Stadt im Kreis Unna bleiben möchte, zieht sein Boot auf dem Bootswagen 250 Meter durch die Fußgängerzone zum zentral gelegenen ***Hotel „An der Persiluhr"***. Hier kann das Boot über Nacht sicher in der Fahrradgarage liegen. Die Eiscafés „San Remo" und „Salvador" direkt vorm Hotel locken mit Eisspezialitäten.

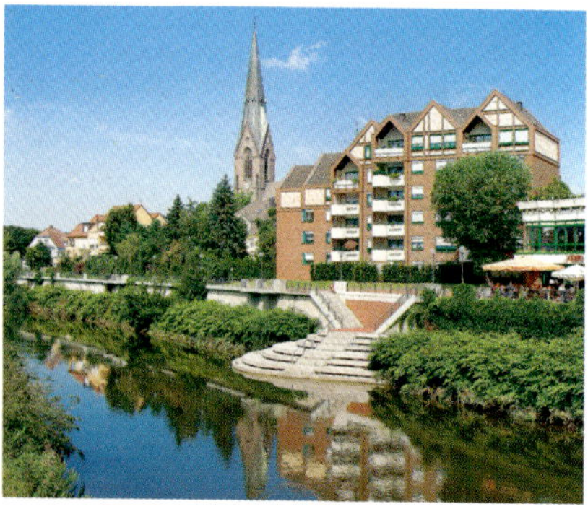

Lünen mit Lippe-Kaskaden und Pfarrkirche St. Marien

Die Skulptur Ochsengruppe an der Persiluhr erinnert ans 16. Jahrhundert. Damals lag die Hansestadt Lünen am Dänischen Ochsenweg, über den der Warenverkehr mit Bier, Wein und Käse aber auch Tieren wie Ochsen lief.

km 95,6

Lippe Bad Lünen
Mo-So 6.15-19.45
Di +Do bis 21.45

Vor der zweiten größeren Straßenbrücke (Konrad-Adenauer-Straße) gibt es eine ***offizielle Anlegestelle*** am rechten Ufer. Von hier ist es nicht weit ins nahe ***Hallenbad Lippe Bad Lünen***. Die Lippetouristik ist bestrebt, an dieser Stelle künftig eine Zeltmöglichkeit für Paddler anbieten zu können. Voraussichtlich aber erst 2025.

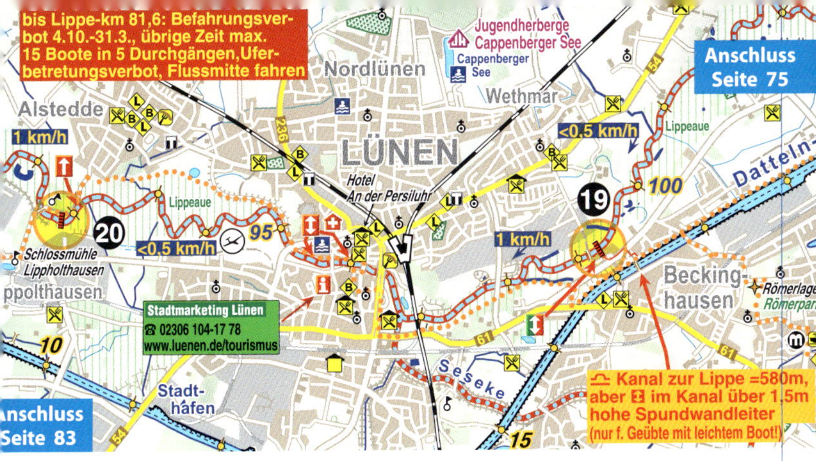

km 94,5

Am linken Ufer passieren wir die Start- und Landewiese des ***Segelflugplatzes Lünen-Lippeweiden.*** Beim Familiendrachenfest Anfang Oktober ziehen hier Hunderte farbige Drachen ihre Kreise am Himmel.

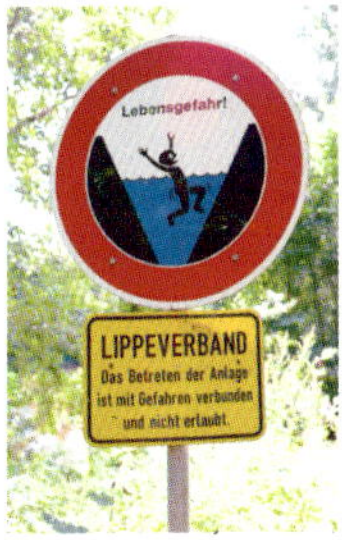

In den steilen Uferabbrüchen haben Uferschwalben und Eisvögel ihre Nisthöhlen errichtet. Auch andere Wasservögel wie Reiher, Hauben- und Zwergtaucher sowie Blässhühner und Teichrallen können beobachtet werden.

Von links ergießt die ***Rühenbecke*** ihr Wasser in die Lippe. Dahinter ist das Trianel Kohlekraftwerk Lünen zu sehen, das auch mit Lippe-Wasser gekühlt wird.

km 92,1

Wehr Buddenburg
unfahrbar, 200 m umtragen
s. Detailskizze 20 links

Der Ausstieg für die Umtragung des Wehres liegt rechts an einer Rampe, neben der sich Steine in einem Drahtgeflecht (Gittersteinwand) befinden, noch vor dem Fischaufstieg. Etwa 200 Meter vor dem unfahrbaren Wehr Buddenburg, das hinter einer Kurve liegt. Achtung: Es gab am Wehr schon mehrere tödliche Unfälle.

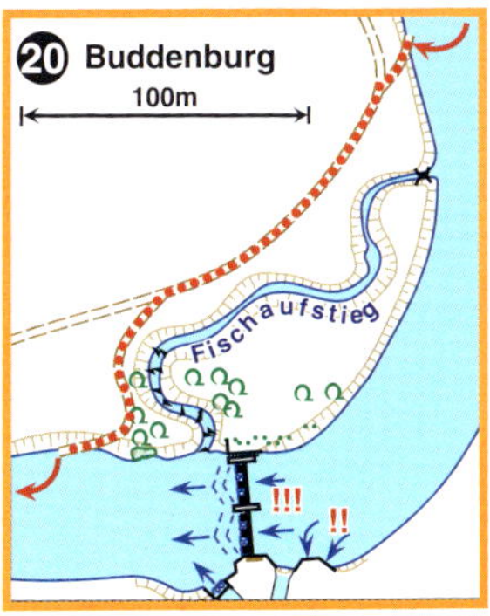

Ins Unterwasser kann über einen asphaltierten Weg mit einem Bootswagen problemlos zirka 200 Meter weit umtragen werden. Auch dort ist eine Rampe.

Hier in **Lippolthausen** endete bislang diese Tagestour der Lippetouristik *(Navi: Schlossallee, Lünen)*.

Wer dem Fußweg zur Fußgängerbrücke folgt, sieht rechts vor dem Wald eine Ligusterhecke. Sie zeigt den Grundriss des Schloßes ***Haus Buddenburg***, das hier einst stand. *1293 erstmals urkundlich erwähnt, wurde das inzwischen abgerissene Gebäude 1338 durch ein neues an dieser Stelle ersetzt. 1914 erwarb die Stadt Lünen nach der Eingemeindung Lippolthausens den Besitz. Von 1934 bis zum Ende des Zweiten Weltkriegs nutzten die Nationalsozialisten den Bau, der 1977 in marodem Zustand abgerissen wurde.*

Schlossmühle Lippholthausen
(02306) 512 66

Die Lippetouristik bot bisher am Tourende hier ein Grillbuffet im von der Hecke eingefassten alten „Speisesaal". Oder organisierte „Essen vom Holzkohlegrill" an der noch erhaltenen ***Schlossmühle Lippholthausen.*** Sie liegt südlich an der rund 800 Meter entfernten Straße K1 und kann innen auf Anfage besichtigt werden. *Wessel Giesbert von Frydag ließ die jetzige Mühle 1760 erbauen. Der 2002 gegründete Verein Mühlenfreunde Lippholthausen kaufte die Schlossmühle von der Stadt Lünen und restaurierte sie.*

Wer auf eigene Faust unterwegs ist, findet 1 km entfernt in **Alstedde** Gastronomie und Einkaufsmöglichkeiten.

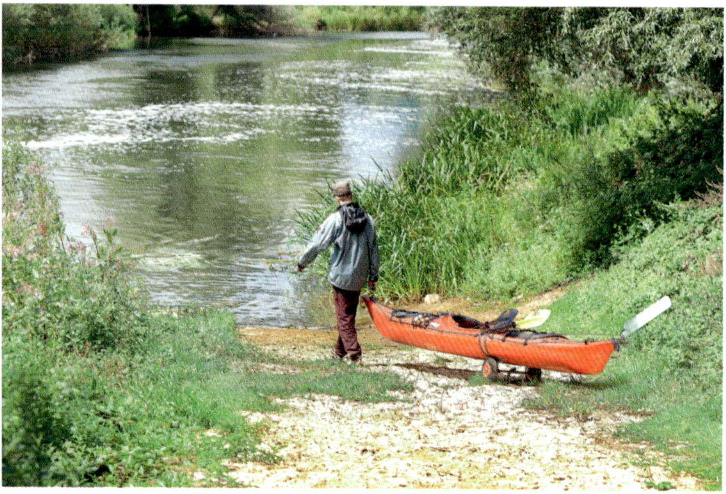

Tagestour 10: **Lünen-Buddenburg bis Rauschenburg, 14,5 km**

Leichte Tour zwischen Industriekulisse und Naturidylle.

Einzelpaddler müssen sich vorab anmelden (www.kanu-nrw.de/bootsres). Ein-, Aussteigen + Anlanden nur an den offiziellen, genannten Stellen.

Touranbieter: evtl. ***Lippetouristik*** (siehe Seite 70).

km 91,8

Unterhalb des rauschenden *Wehrs Buddenburg* lassen wir die kleine Fußgängerbrücke hinter uns und haben den Fluss wieder für uns alleine.

Auf den ersten zwei Kilometern liegt Europas größtes Zentrum für industrielles Recycling der Firma Remondis neben uns am linken Ufer. Im krassen Kontrast zu dieser Industrieanlage steht der Fluss, der hier wieder nur ganz vereinzelt von der Landseite aus zugänglich ist.

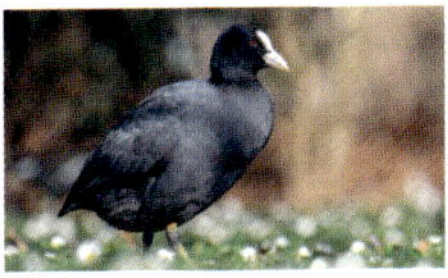

Wir befinden uns inzwischen im ***Naturschutzgebiet „Lippeaue von Wethmar bis Lünen"*** im Kreis Recklinghausen. Nach wie vor dürfen wir ausschließlich an den gekennzeichneten, offiziellen Anlegestellen ans Ufer.

km 87,3 — **Sohlschwelle**

Eine *kleine Sohlschwelle* sorgt für Abwechslung. *Sie erinnert an die Lippe-Schifffahrt, die Mitte des 18. Jh. ihren Höhepunkt fand. Damals befand sich hier die Schleuse Horst, nach der auch das hiesige Landschaftsschutzgebiet benannt wurde.*

Lippe-km 86,4: Beginn NSG „Lippeauen im Kreis Recklinghausen"

Ein-, Aussteigen, Anlanden (auch zur Rast) nur an 15 aufgeführten Stellen erlaubt. Betreten der Ufer außerhalb dieser Bereiche ist verboten.

Außerdem gilt in den besonders schutzwürdigen Bereichen Abschnitt „Haus Vogelsang" (5 bis 7) und Abschnitt „HaLiMa" *(Haltern am See / Lippramsdorf / Marl)* **(11 bis 12) vom 1.4.-14.11 eine jahreszeitliche Beschränkung: Maximal 30 Boote dürfen pro Tag den jeweiligen Abschnitt befahren. Eine Anmeldung ist für das Durchfahren notwendig: www.regiofreizeit.de/kanuten**

Zusätzlich muss ein/e Insasse/in in jedem Boot eine Schulung zum naturschutzgerechten Verhalten beim Kanufahren besucht haben. Geeignet ist eine DKV-Ökoschulung oder eine gleichwertige Ausbildung. Der Schulungsnachweis sowie die Anmeldebestätigung sind jeweils mitzuführen.

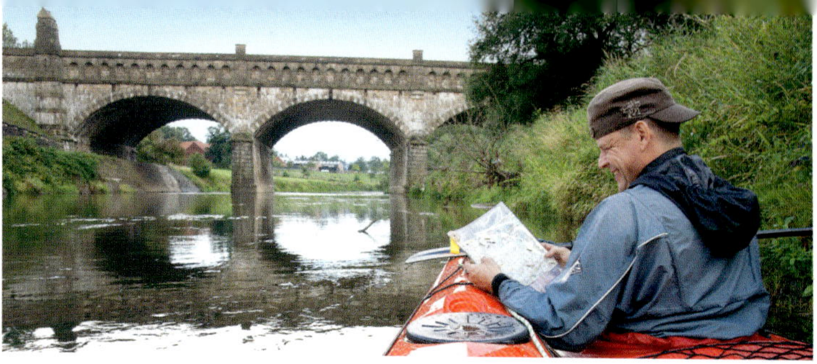

km 86,4
P ↕
Ein-/Ausstieg Nr. 1

Durch weitere Mäander kommen wir zur blauen Straßenbrücke (Waltroper Straße, L 809), vor der von rechts der ***Südfeldbach*** mündet.

Hinter der Brücke kann *rechts an Treppenstufen ausgebootet (Ein-/Ausstieg Nr. 1)* werden. Die Rampe vor der Brücke soll nicht benutzt werden. Die Parkmöglichkeit ist hier äußerst schlecht. Beginn *NSG „Lippeauen im Kreis Recklinghausen"*, siehe dazu Infos Seite 81.

km 83,7
P ↕
Ein-/Ausstieg Nr. 2

Haus Dahl
evtl. fahrbar, 30 m umtragen, mühsam
s. Detailskizze 21 Seite 83

Durch langgezogene Kurven paddeln wir weiter nach Norden und erreichen das *Schrägwehr Haus Dahl* am ehemaligen **Borker** ***Herrensitz „Haus Dahl"***. Mit robusten Kajaks kann dieses eventuell links befahren werden. Das Umtragen ist hier, obwohl nur 30 m, leider mühsam. *Einst existierte hier ein Hafen für die Lippeschifffahrt.*

An der *Ein-/Ausstiegsstelle Nr. 2* beendete Lippetouristik bislang ihre geführte Tour und bot von hier eine weitere Tagestour bis zum „Gut Eversum" an *(zukünftige Angebote der Lippetouristik siehe deren Webseite)*. Ein Parkplatz liegt am Ende der Straße *(Navi: Im Dahler Feld, Selm)*.

Nach dem Umtragen am linken Ufer über eine Wiese kann noch ein Blick auf die rechts im ***Mühlenkanal*** befindliche alte ***Wassermühle*** geworfen werden.

km 81,6
↕
Ein-/Ausstieg Nr. 3

Nach gut zwei Kilometern befindet sich an der nächsten Straßenbrücke, die nach **Vinnum** führt, die *Ein-/Ausstiegsstelle Nr. 3* *(Navi: Vinnumer Straße, Datteln)*. Hier endet das jahreszeitliche Befahrungsverbot 4.10.-31.3..

km 79,2
↕
Ein-/Ausstieg Nr. 4

An der Kanalbrücke ***(Dortmund-Ems-Kanal)*** befindet sich *Ein-/Ausstieg Nr. 4*. Einige hundert Meter weiter führt die ***Alte Fahrt*** über die hübsche, historische Sandsteinrundbogenbrücke von 1895 *(Foto oben)*, über den Fluss.

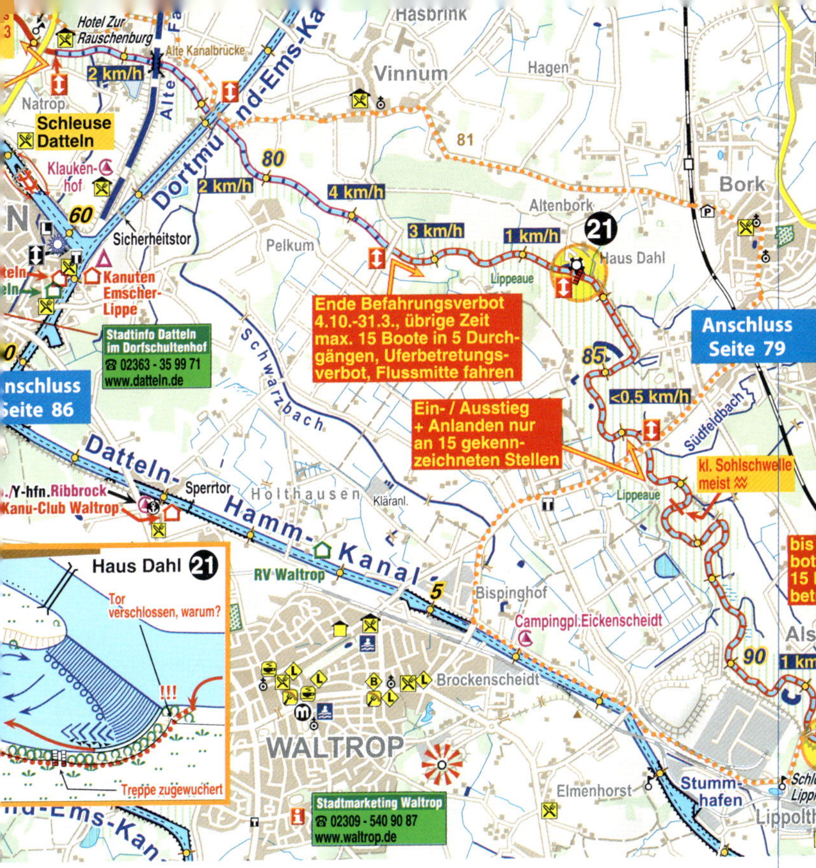

Von links plätschert das Wasser des ***Mühlenbachs*** in die Lippe und dann liegt rechts sehr idyllisch und direkt am Fluss das *Hotel „Zur Rauschenburg"* *(Foto unten).*

Ein-/Ausstieg Nr. 5 liegt gegenüber am linken Ufer an der Verladestelle des Lippe-Verbandes *(Navi: Ringofen 9, Datteln)*. Von dort ist es jedoch ein ordentliches Stück über die Straßenbrücke hinweg bis zum Hotel zu laufen.

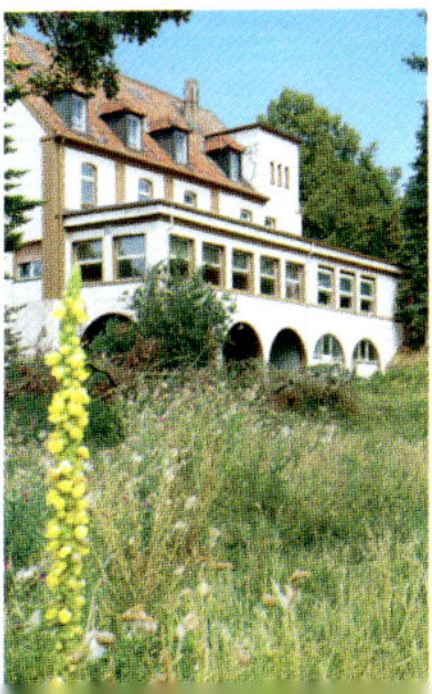

Vom Speisesaal wie auch von manchem Zimmer hat man einen schönen Blick auf die Wiese und den Fluss.

km 77,3

Ein-/Ausstieg Nr. 5

Hotel Zur Rauschenburg
(02363) 319 11
Mo+Di Ruhetag
Mi+Do 17-22
Fr-So 11-14+17-22

3. Abschnitt: 5 Tagestouren von Datteln bis Wesel

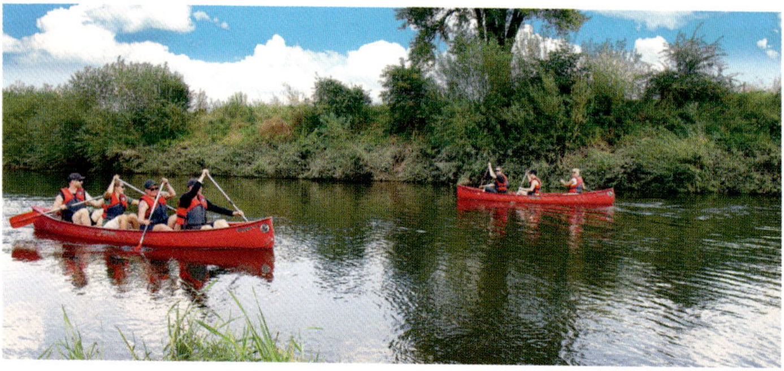

Start zur Tour in Miet-Canadiern an der Anlegestelle Flaesheim

Einsetzstelle
Bei **Datteln/Olfen**, 200 Meter vor der Brücke der B235 (km 77,3) am linken Ufer *(Navi: Ringofen 9, Datteln)*. Parkmöglichkeit.
Gegenüber Hotel „Zur Rauschenburg", Gastronomie.

Aussetzstelle
In **Wesel**, bei den Kanufreunden Lippe (km 4) am rechten Ufer *(Navi: Am Lippehafen 16, Wesel)*. Zeltmöglichkeit, Zimmer, Parkmöglichkeit.

Länge und Dauer der 5 Etappen
ca. 73 km, mind. 3 Tage für die ganze Strecke oder 5 mögliche Tagestouren.

Befahrungsregeln NSG Lippeauen
Ein- / Ausstieg bis km 27 nur an den aufgeführten Ein- / Ausstiegsstellen.

Km 27 bis Mündung Rhein Uferbetretungsverbot. Ausnahme km 23,4, km 15, km 8, km 4 jeweils rechts.

Abschnitt „Haus Vogelsang" besondere Beschränkungen + Anmeldung.

3 Hindernisse mit Umtragung

- ㉒ ***Schwallstrecke Haus Vogelsang*** (250 m Umtragung)
- ㉓ ***Sohlrampe*** evtl. fahrbar, Umtragung links
- ㉔ ***Sohlrampe*** evtl. fahrbar, Umtragung noch unklar

Kanuwagen hilfreich

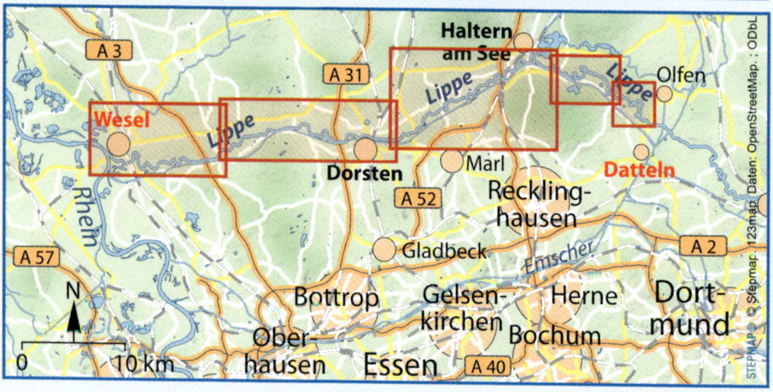

Tagestour 11: **Datteln – Ahsen, 7 km**

Wildromantische Tour entlang steiler Uferböschungen und umgestürzter Bäume. Einige Stromschnellen sind zu meistern (nicht für Anfänger).

Ein-, Aussteigen + Anlanden nur an den offiziellen, genannten Stellen.

Abschnitt „Haus Vogelsang" (Ein-/Ausstieg Nr. 5 bis 7): 1.4.-14.11: Max. 30 Boote pro Tag. Eine Anmeldung ist notwendig: www.regiofreizeit.de/kanuten. Zusätzlich muss ein/e Insasse/in in jedem Boot eine Schulung zum naturschutzgerechten Verhalten. Abschnitt ist bis ca. April 2023 gesperrt.

Touranbieter: evtl. ***Lippetouristik*** (siehe Seite 70).

km 77,3
Ein-/Ausstieg Nr. 5

Von der ***Anlegestelle Nr. 5*** *(Navi: Ringofen 9, Datteln)* am linken Ufer geht es gleich unter der Straßenbrücke der B 235 hindurch. Dahinter befinden sich am rechten Ufer die Reste der Grundmauern und Kellergewölbe des Hauses **Rauschenburg**. *An der Stelle der heutigen Brücke befand sich einst eine Furt, zu deren Schutz das Rittergut errichtet wurde. 1035 tauchte die Wasserburg, die ihren Namen möglicherweise vom ewigen Rauschen der hiesigen Lippe-Stromschnellen erhielt, erstmals in einer Urkunde auf.*

kl. Schwälle

Die anfangs zügige Strömung lässt bald merklich nach. Dennoch sind immer mal wieder ***kleine Schwälle*** zu durchfahren. Fünf Kilometer nach dem Start erreichen wir, vorbei an engen Windungen, die ***Schwallstrecke Haus Vogelsang.*** Sie bleiben sehr geübten Paddlern mit Schwimmwesten und Kanuhelmen vorbehalten. Wir landen lieber rechtsufrig am ***Ein-/Ausstieg Nr. 6*** an und ***umtragen 250 Meter*** über die Wiese.

km 72,3
Ein-/Ausstieg Nr. 6

Schwallstrecke Haus Vogelsang
nur mit Schwimmweste und Kanuhelm fahrbar, 250 m umtragen
s. Detailskizze **22** Seite 86

Die Schwallstelle entstand an der Stelle der ehemaligen Schleuse Vogelsang, die nach dem Adelssitz benannt war, der 500 Meter westlich am linken Ufer liegt. Von der mittelalterlichen ***Wasserburg*** *auf einer künstlichen Insel ist nur noch ein zweigeschossiger Barockbau der Vorburg aus dem 18. Jh. erhalten. Zu ihm gehört ein quadratischer Eckturm mit geschweifter Haube.*

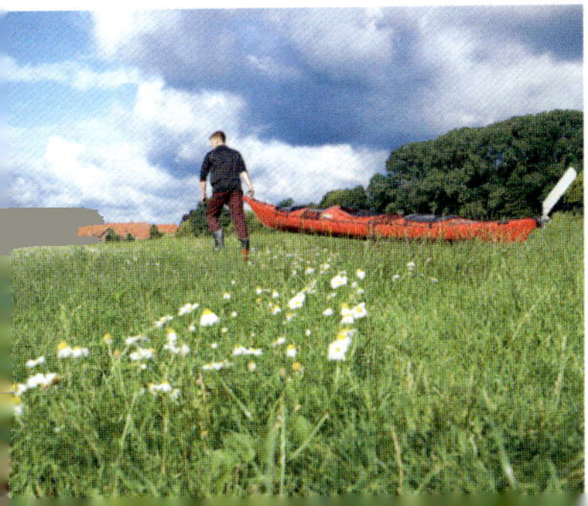

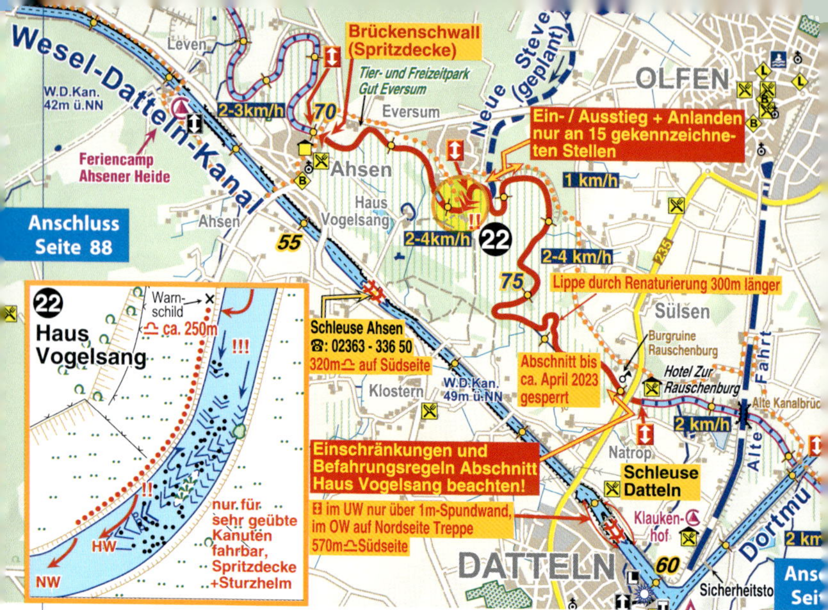

Zwei Kilometer schlängelt sich die Lippe von der Stromschnelle weiter bis zur nächsten Straßenbrücke.

km 70
Schwall
mit Spritzdecke fahrbar

Darunter ist rechts ein *Brückenschwall*, der (mit geschlossener Spritzdecke) befahren werden kann. Links bildet sich ab einem Pegel von 40 Zentimetern (Pegel gleich links hinter der Brücke) eine *kleine Walze*, die Spielbootfahrer begeistert.

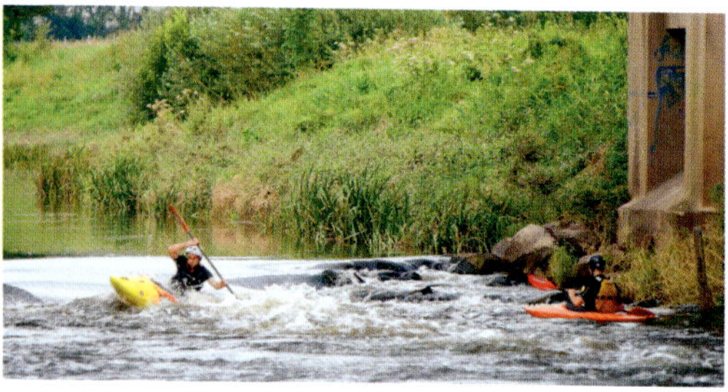

Am steilen rechten Ufer landen wir an der ***Anlegestelle Nr. 7*** an. Oberhalb ist eine Wiese und 200 Meter weiter ein Wanderparkplatz *(Navi: Lippestraße, Datteln).*

Ein-/Ausstieg Nr. 7

Tier/Freizeitpark Gut Eversum
(02595) 38 52 25
Apr-Okt tgl 10-18

Vom Parkplatz läuft man weitere 350 Meter bis zum *Tier- & Freizeitpark Gut Eversum* bei **Ahsen**. Hier können verschiedene Tierarten bestaunt, im Biergarten eingekehrt oder vor einer der zu mietenden Grillhütten gegrillt werden. Zu besonderen Anlässen, wie dem Mittelaltermarkt, kann auf dem Parkgelände auch gezeltet werden.

Tagestour 12: **Ahsen – Flaesheim, 11 km**

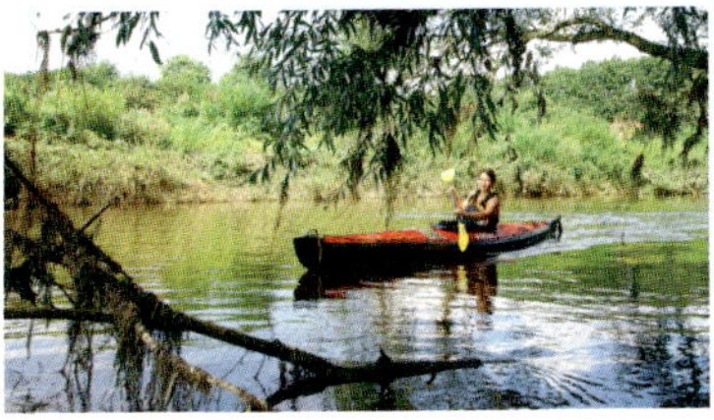

Anfängertaugliche Tour durch „wilde" Natur. Rundtour möglich, über Weser-Dattel-Kanal zurück.

Ein-, Aussteigen + Anlanden nur an den offiziellen Stellen.

Touranbieter: ***Lippe-Kanu-Touren.***

Zwischen **Ahsen** und **Flaesheim** schlängelt sich die Lippe in weiten Kurven durch Wiesen und Wälder dem ***Naturpark Hohe Mark – Westmünsterland*** entgegen. *Kurze, ungefährliche Schwallstrecken* begeistern nicht nur die jüngsten Mitpaddler. Ganz ohne Straßenlärm kann die Wildnis genossen werden – mit steilen, dicht bewachsenen Ufern, umgestürzten Bäumen und beeindruckender Tiervielfalt.

Binnen kürzester Zeit sehen wir Eisvogel, Bisam, Graureiher und Kormoran. Erst nach acht Kilometern nähern wir uns erstmals so dicht einer Straße (Flaesheimer Straße / L 609), dass wir wieder Autogeräusche hören. Der Fluss beschreibt ein langgezogenes „U" nach Norden und danach eine 90-Grad-Rechtskurve. Am linken Ufer ist die Schleuse Flaesheim am nahen ***Wesel-Datteln-Kanal*** zu sehen.

Die Straßenbrücke schon im Blick, landen wir links an der Rampe vom *Ein-/Ausstieg Nr. 9* an, wo die Veranstalter

km 58,7

↕ P

Ein-/Ausstieg Nr. 9

Zur Info: Ein-/Ausstieg Nr. 8 existiert nicht mehr und fehlt daher in der Nummerierung

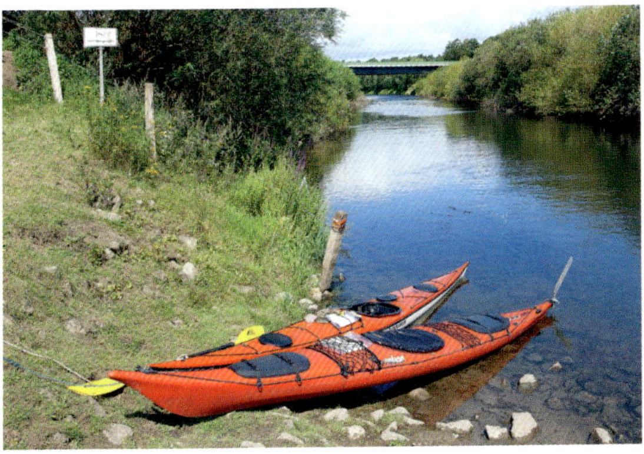

Offizielle Bootsanlegestelle

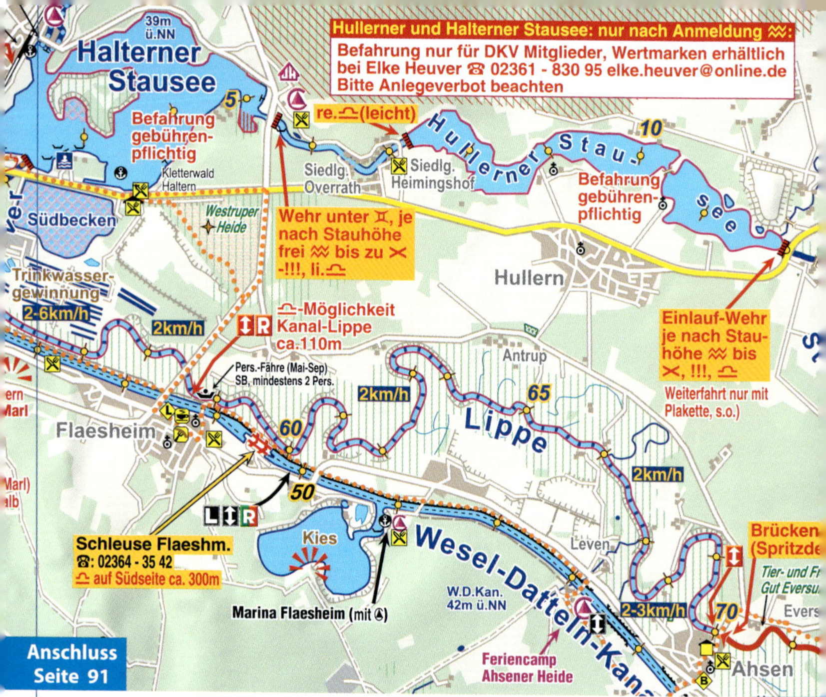

Anschluss Seite 91

Ansch Seite

auch ihre Boote wieder einsammeln. ***Wer die Pferdekoppel, an der sich die Rampe befindet, verlässt, muss unbedingt das Gatter wieder schließen!***

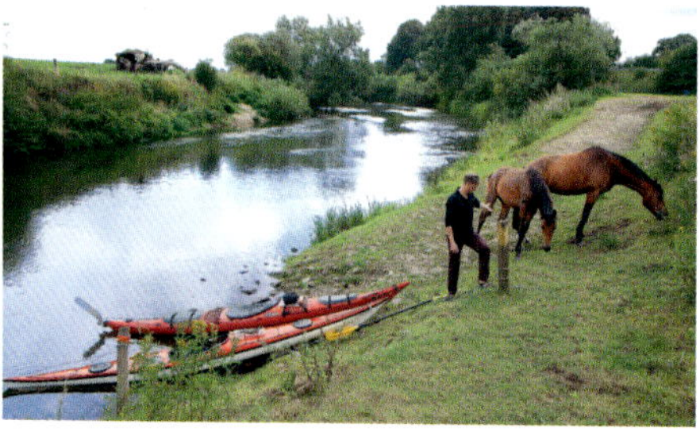

100 Meter sind es bis zum ***Wesel-Datteln-Kanal,*** auf dem zurück nach Ahsen gepaddelt werden kann. An den Schleusen erlauben gute Steganlagen komfortables Ein- und Aussetzen.

Über die Kanalbrücke *(Navi: Kanalstraße, Haltern-Flaesheim)*, von der man einen guten Blick auf die ***Schleuse Flaesheim*** hat, gelangt man in den Ort **Flaesheim.** Sehenswert ist die *Kirche St. Maria Magdalena* aus dem 12. Jh. Von der Haltestelle „Flaesheim, Paschberg" fährt die Buslinie 288 nach „Ahsen, Schmiedestraße", in die Nähe des Startpunktes dieser Tagestour.

Tagestour 13: **Flaesheim – Dorsten Dorf Hervest, 21 km**

Zwischen Naturidyll & Industriekultur lockt der Besuch von Haltern am See.

Ein- und Aussteigen nur an den offiziellen, genannten Stellen.

Abschnitt HaLiMa (Ein-/Ausstieg Nr. 11 bis 12): 1.4.-14.11: Max. 30 Boote pro Tag. Eine Anmeldung ist notwendig: www.regiofreizeit.de/kanuten. Zusätzlich muss ein/e Insasse/in in jedem Boot eine Schulung zum naturschutzgerechten Verhalten.

Touranbieter: *Lippe-Kanu-Touren*.

km 58,7

Ein-/Ausstieg Nr. 9

Gleich nach dem *Ein-/Ausstieg Nr. 9* geht es unter der Brücke (Flaesheimer Damm) hindurch und die wieder stärker werdende Strömung über den ein oder anderen *kleinen Schwall* nimmt uns mit. Vorbei an sattem Grün am Ufer passieren wir eine Rohrbrücke. Hier wird am rechten Ufer von der Gelsenwasser AG im 1908 in Betrieb genommenen Wasserwerk Haltern Grundwasser gewonnen.

Vor Haltern mündet rechts die ***Stever***, über die, mit abschließendem Umtragen, der ***Halterner Stausee*** *(Befahrung gebührenpflichtig)* erreicht werden kann.

km 54,4

Ein-/Ausstieg Nr. 10

Kanufreunde Marl 1928
(02364) 677 14

Kanuclub Hamm-Marl
(02361) 830 95

PG Nasse Brüder
(02364) 70 49
(nur Wochenende)

300 Meter vor der Brücke (Recklinghäuser Straße / L 551) kann links, abermals an einer Pferdeweide, angelegt werden *(Ein-/Ausstieg Nr. 10)*. ***Gatter wieder schließen!*** An der Brücke am Nordufer liegt *Ein-/Ausstieg Nr. 10 a.*

Hier bei **Bossendorf** befinden sich zwischen ***Lippe*** und ***Wesel-Datteln-Kanal*** die Bootshäuser der *Kanufreunde Marl*, des *Kanuclubs Hamm-Marl* und der *PG „Nasse Brüder" Haltern*. Fürs Zelten bei der DKV-Kanu-Station des Kanuclubs Hamm-Marl meldet man sich direkt vor Ort beim Hausmeisterehepaar an. Bei den „Nassen Brüdern" kann nach Voranmeldung auch übernachtet werden. Die drei Vereine sind noch komfortabler über den ***Kanal*** zu erreichen.

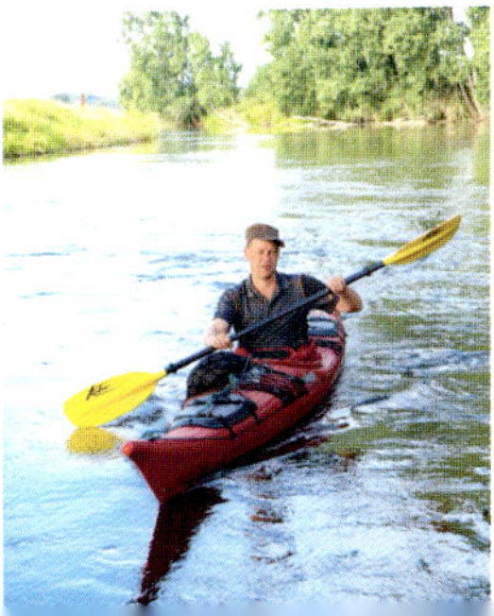

Nördlich der Brücke finden wir gute Einkaufsmöglichkeiten. Zum Bahnhof und in die nette Altstadt von

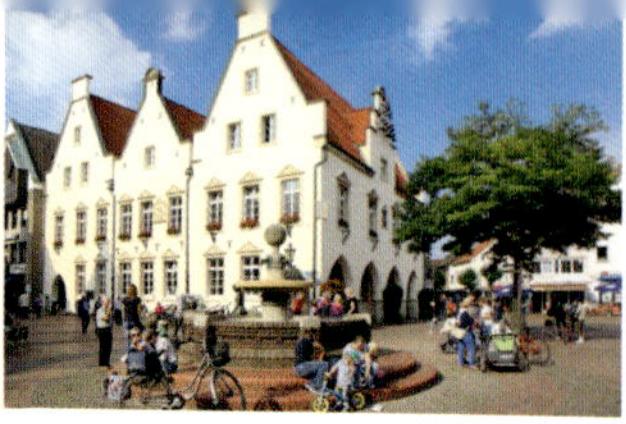

Haltern am See mit leuchtend weißem Rathaus, großem Marktplatz und teilweise erhaltener Befestigungsanlage läuft man etwa anderthalb Kilometer in nördliche Richtung. Sehenswert in Haltern ist auch das **Römermuseum** an der Weseler Straße. *Hier können sich Kinder als Ausgrabungshelfer betätigen. Die Römertage gewähren einen realistischen Einblick in das Leben vor rund 2.000 Jahren. Unter anderem bei Fahrten mit dem originalgetreuen Nachbau eines Patrouillenboots aus der Zeit um Christi Geburt. Die „Victoria" wird aber nur zu besonderen Anlässen gezeigt.*

LWL-Römermuseum
Di-Fr 9-17
Sa+So 10-18

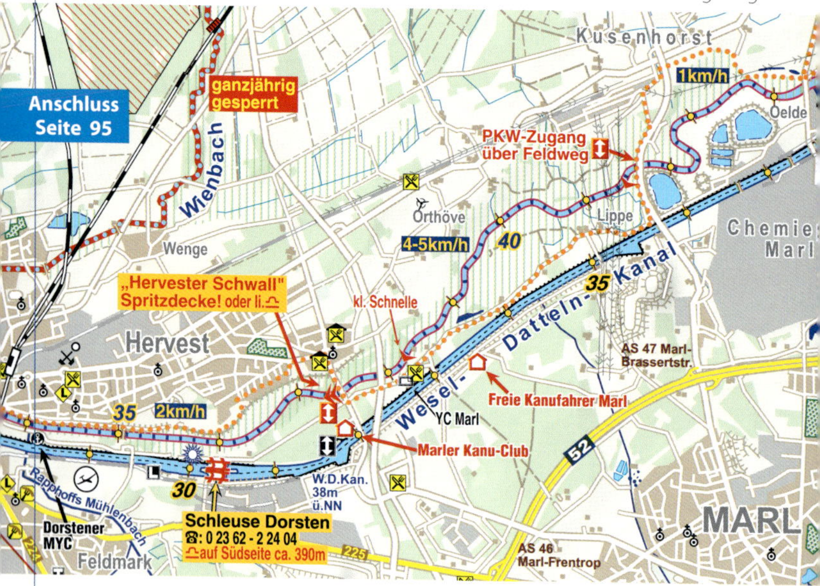

km 51,6
Schwall
rechten Brückenbogen fahren

Zwischen Wiesen paddeln wir zweieinhalb Kilometer weiter bis zur Eisenbahnbrücke. Dahinter ist wieder ***ein Schwall***. Unter dem ***rechten Brückenbogen*** hindurch kann dieser einfach passiert werden.

km 50
Ein-/Ausstieg Nr. 11

Nach einer 90-Grad-Linkskurve nähern wir uns der Brücke der Autobahn A 43. Unter der Brücke ist am linken Ufer der ***Ein-/Ausstieg Nr. 11***. Beginn ***Abschnitt HaLiMa***

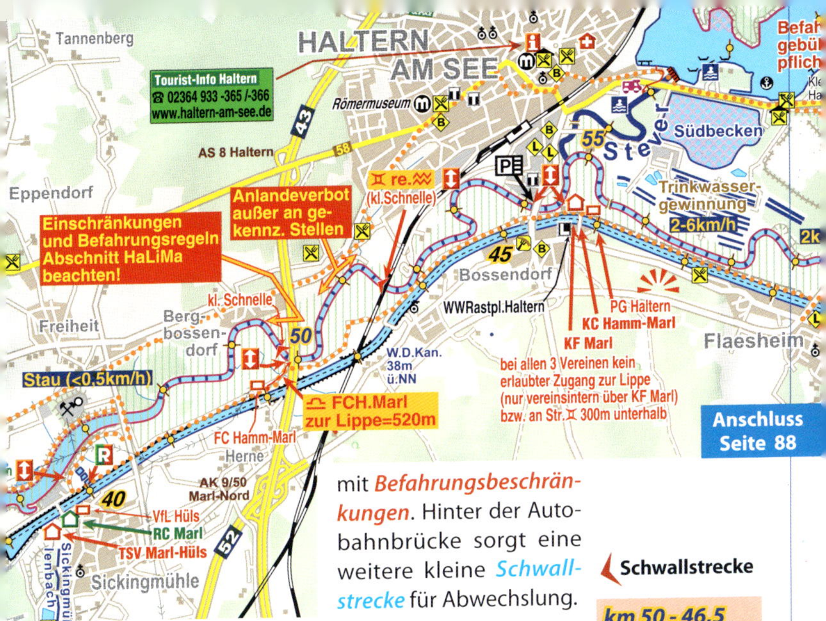

mit ***Befahrungsbeschränkungen***. Hinter der Autobahnbrücke sorgt eine weitere kleine *Schwallstrecke* für Abwechslung.

Schwallstrecke

km 50 - 46,5
Abschnitt HaLiMa:
1.4.-14.11.
max. 30 Boote/Tag
+ nur mit gebuchter Fahrerlaubnis
+ 1 Person Schulung naturschutzgerechtes Verhalten

Danach beschreibt der Fluss eine sanfte Windung nach Norden, nach der ein längerer, ziemlich geradlinig verlaufender Abschnitt beginnt. Wir paddeln nun in die ***Sickingmühler Senke***, eine breit aufgestaute Strecke, auf der nahezu keine Strömung mehr herrscht. Es besteht weiterhin Anlandeverbot.

Wir betrachten aus den Booten den netten Sandstrand, an dem schon Holz für ein Lagerfeuer aufgeschichtet wurde. Hinter der nächsten Straßenbrücke (Lippramsdorfer Straße) zwischen **Sickingmühle** und **Freiheit** ist am rechten Ufer der ***Förderturm von Schacht 8 der Zeche Auguste-Viktoria*** zu sehen – ein ehemaliges Steinkohlebergwerk.

km 46,5

Ein-/Ausstieg Nr. 12

Wenige Hundert Meter weiter, wir halten uns ans linke Ufer, liegt *Ein-/Ausstieg Nr. 12* und das *Ende* des *HaLiMa Abschnitts.* Gleich daneben kann man einen Blick auf die Ruine des alten Wasserwerks werfen – heute Landschaftskunst-Projekt "Wasserstände", das allmählich versinkt.

km 46

Bald darauf mündet von links der ***Sickingmühlenbach***. Nur 50 Meter entfernt verläuft der ***Wesel-Datteln-Kanal***, an dessen südlicher Seite die ***Bootshäuser*** des ***VfL Hüls*** und des ***TSV Marl-Hüls*** stehen.

Links voraus taucht der ***Chemiepark Marl*** auf, südlich vom Kanal gelegen. Auf einer Fläche von 6,5 Quadratkilometern arbeiten rund 10.000 Menschen in 30 Unternehmen. Der Industriepark gehört zu den größten in Deutschland. Das hiesige Steinkohlekraftwerk wird vom neu gebauten Gas- und Dampfturbinenkraftwerk abgelöst und senkt den CO2-Ausstoß um bis zu eine Million Tonnen pro Jahr.

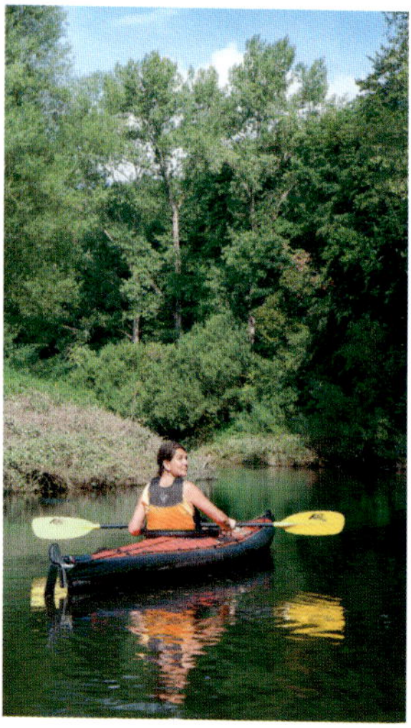

Auf dem breiten „Stausee" ragen Straßenlaternen aus dem Wasser. Dieses bizarre Bild entstand wohl durch das Absacken eines Parkplatzes über dem Kohleschacht.

Hunderte Kanadagänse rasten auf dem Wasser und ein Biber flüchtet schnell auf eine kleine Insel. Die Deiche nördlich und südlich der Lippe zwischen **Haltern-Lippramsdorf** und **Marl** wurden vom Lippeverband neu errichtet. *Der Deichneubau „HaLiMa" soll den Hochwasserschutz für die nächsten 100 Jahre sichern und der Lippe wieder Platz für eine weitläufige Aue bieten.*

Wir passieren den Kühlwassereinlauf des ehemaligen Kraftwerks am linken Ufer und die Straßenbrücke (Oelder
km 44 Weg, K 55) zwischen **Oelde** und **Mersch**. Unterhalb dieser Brücke wird der Fluss wieder deutlich schmaler.

Nach einer weiten Rechtskurve kommen wir an die Straßenbrücke (Wulfener Straße) zwischen **Marl-Brassert**
km 41,7 und **Dorsten-Wulfen**. Hier ist am rechten Ufer (Nordufer) die offizielle ***Ein-/Ausstiegsstelle Nr. 13***, die mit dem Auto nur über einen Feldweg angefahren werden kann.

Ein-/Ausstieg Nr. 13

Unterhalb der Brücke nimmt der Fluss mit einer ***kleinen Stromschnelle*** wieder richtig Fahrt auf. Wir paddeln unter zahlreichen Strom-Oberleitungen hindurch und müssen hin und wieder auf Steine im Wasser achten.

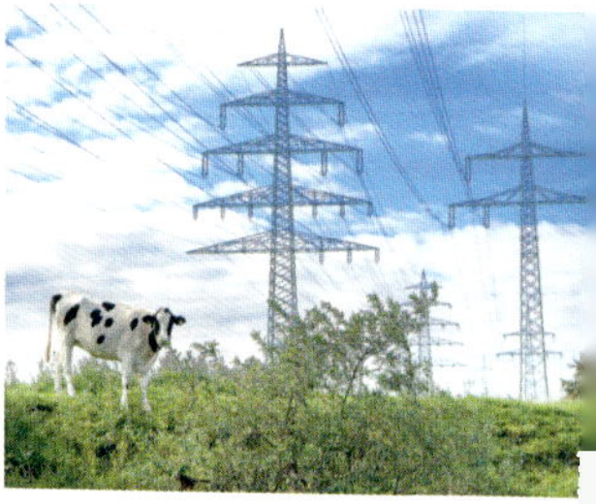

Vor der nächsten Straßenbrücke (Hervester Straße, L 608) befahren wir problemlos einen *kleinen Schwall.*

km 38,3

kleiner Schwall

800 Meter weiter, hinter der nächsten Brücke (Buerer Straße, K 32) endet diese Tagestour am linken Ufer *(Ausstiegsstelle Nr. 14)*. Über die Brücke gelangt man in wenigen Minuten ins Zentrum des Dorfes **Hervest**, *das schon im Mittelalter ein eigenes Kirchspiel bildete. 1943 wurde das vom Steinkohlebergwerk Fürst Leopold (heute Creativquartier mit Gastronomie und Gewerbe) geprägte Hervest in die Stadt Dorsten eingemeindet.* Das *Hotel-Restaurant „Jägerhof Einhaus"* wird in über 200-jähriger Familientradition geführt. Übernachtungsgäste können ihr Boot im Fahrradkeller von Rudolf Einhaus, der selbst Paddler ist, sicher lagern. Ebenso wie im *Hotel-Restaurant Grütering* lockt bei gutem Wetter ein Biergarten.

km 37,5

Ein-/Ausstieg Nr. 14

Hotel-Restaurant Jägerhof Einhaus
(02362) 710 89

Hotel-Restaurant Grütering
(02362) 201 70

Tagestour 14: **Dorsten, Dorf Hervest bis Krudenburg, 23 km**

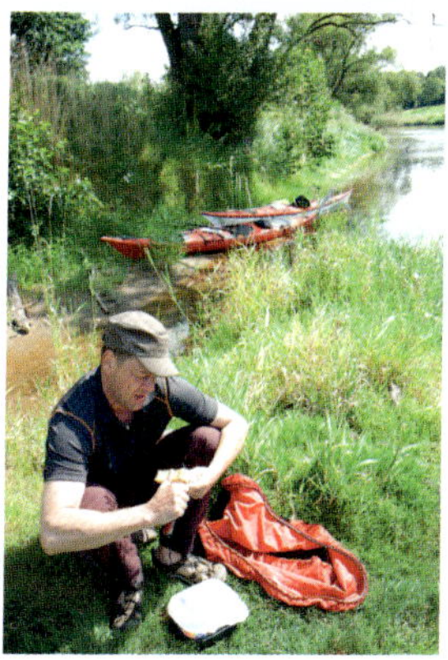

Spritzig-flotte Tour, die mit dem Besuch des sehenswerten Dorsten beginnen kann.

Ein- und Aussteigen nur an den offiziellen, genannten Stellen.

Touranbieter: ***Lippe-Kanu-Touren, Paddelstation Krudenburg, Lippepiraten.***

Diese Etappe startet am *Ein-/Ausstieg Nr. 14* direkt mit der größeren *Schwallstrecke „Hervester Schwall"* – eine beliebte Übungsstelle. Selbst Ungeübte kommen problemlos durch: Spritzdecke zu, mittig fahren, das Boot gerade halten und durch die höchsten Wellen steuern. Alternativ kann auch links umtragen werden.

km 37,5

Ein-/Ausstieg Nr. 14

Schwallstrecke Hervester Schwall
fahrbar oder links umtragen

Wir nähern uns jetzt **Dorsten** auf einem schnurgeraden Flussstück, ohne zunächst viel von der Nähe der Stadt zu merken. Erst ganz allmählich tauchen Hausdächer hinterm Deich auf. Wir passieren nacheinander eine blaue, stählerne ehemalige Eisenbahnbrücke, dann, nach der

km 35

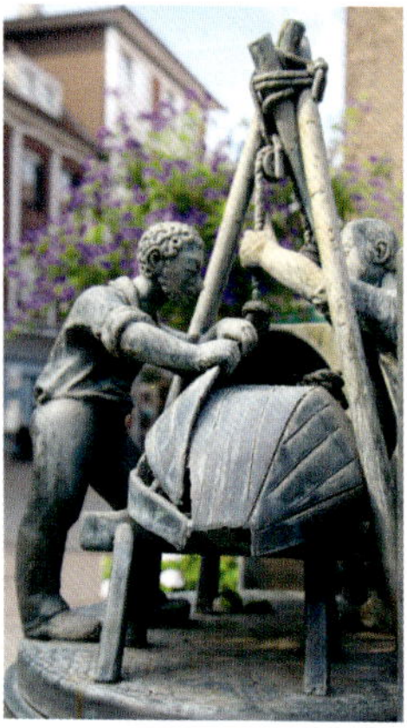

Mündung des ***Rapphoffs Mühlenbachs*** von links, eine zweispurige Eisenbahnbrücke und schließlich die breite Brücke (Borkener Straße, B 224).

Auf der Rückreise von seiner „Campagne in Frankreich" passierte Johann Wolfgang von Goethe am 6. Dezember 1792 die damalige Lippebrücke mit seiner Kutsche und zahlte dafür 18 Stüber. Diese Kleingroschenmünzen waren vom ausgehenden 15. bis zum Anfang des 19. Jh. vor allem im Gebiet des heutigen Nordrhein-Westfalens im Umlauf. Eine Gedenktafel auf dem Marktplatz erinnert an Goethes Besuch. 28 Stüber gab der Dichter übrigens damals in der Schankstube des Rathauses am Markt für Wein aus.

km 33

Ein-/Ausstieg Nr. 15

Spaßbad Atlantis
Mo-So 8/10-21/23

Nach der Brücke liegt am linken Ufer der Anleger vom ***Ein-/Ausstieg Nr. 15*** direkt am ***Freizeitbad Atlantis***, ein ***Spaßbad mit Saunalandschaft*** (WoMo-Stellplatz). Das Bootshaus der ***Kanu-Freunde Dorsten*** befindet sich 250 Meter südlich am Kanal. Nach Voranmeldung können DKV-Mitglieder auf dem Vereinsgelände zelten.

Kanu-Freunde Dorsten
(02362) 423 33

Lippe-Kanu-Touren
(02362) 60 66 32

Der Veranstalter ***Lippe-Kanu-Touren*** hat am Parkhaus des Atlantis seine ***Kanustation***. Hier gibt es auch spontan Mietboote für Tagestouren nach Schermbeck oder Krudenburg.

Dorsten

Jüdisches Museum
Di-Fr 10-12.30+14-17
Sa+So14-17

Ins Zentrum von **Dorsten** läuft man rund 1.000 Meter in südliche Richtung (über den Kanal). *Zwar hat die ehemalige Fachwerkstadt Dorsten durch die Bombardierungen im Zweiten Weltkrieg die meisten ihrer bedeutenden Bauwerke verloren. Teile der Stadtmauer sowie die Stadtwaage (Altes Rathaus) haben jedoch überlebt. 2002 und 2005 wurden wieder Wassergräben der Graben- und Wallanlagen angelegt, die das Stadtbild deutlich aufwerten.* Das ***Jüdische Museum*** Westfalen lohnt ebenfalls einen Besuch.

km 32,4

Ein-/Ausstieg Nr. 15a

Nur 600 Meter weiter bietet der ***Ein-/Ausstieg Nr. 15 a*** am Südufer eine gute Umsetzmöglichkeit in den Kanal.

km 31,8

Am Nordufer liegt hinterm Deich die große ***Reitanlage Gut Hohenkamp***. Von rechts mündet der ***Hammbach***, gleich hinter der ***Anlegestelle der Fähre „Baldur"***. Die Selbstbedienungs-Kettenfähre kann von Radfahrern und Fußgängern kostenlos genutzt werden. Seit 2005

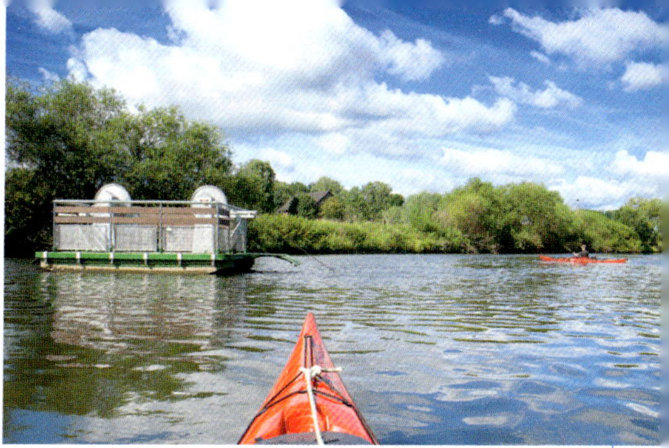

verkehrt sie ganz in der Nähe der Stelle, *an der einst der Fährmann Albers die Bergleute zur Schicht auf die Zeche Baldur übersetzte, die 1930 stillgelegt wurde.* Sie war nach rund 60 „fährfreien" Jahren die erste Fähre, die wieder auf der Lippe fuhr.

Der Fluss windet sich weiter in südwestliche Richtung, bald kommt die Brücke der A 31 in Sicht. Hinter der Brücke ist am Südufer die ***Anlegestelle Nr. 16*** *(letzte Anlegestelle im NSG Kreis Recklinghausen)* vor einem ***kräftigen Schwall,*** an dem Slalomstangen über dem Wasser hängen. Den Schwall besser vor der Befahrung besichtigen und Spritzdecke schließen. Ab hier *(Navi: Brückenweg, Dorsten)* bietet die Paddelstation Krudenburg auch eine kürzere Tour nach Krudenburg an.

km 29,7

Ein-/Ausstieg Nr. 16

kräft. Schwall

Lediglich 50 Meter entfernt verläuft der ***Wesel-Datteln-Kanal*** *(Umsetzmöglichkeit).* 400 Meter in westliche Richtung sind es bis zum ***Campingplatz Zenker.***

Campingplatz Zenker
(02362) 33 31

Die Strömung bringt uns nach dem *Schwall* zügig voran. Die nächste kleine, eher *flache Schwelle* fahren wir links.

Auch im ***NSG untere Lippeaue*** im ***Kreis Wesel,*** in dem wir jetzt unterwegs sind, gilt ***ganzjähriges Uferbetretungsverbot*** außer an gekennzeichneten Stellen.

km 27,8

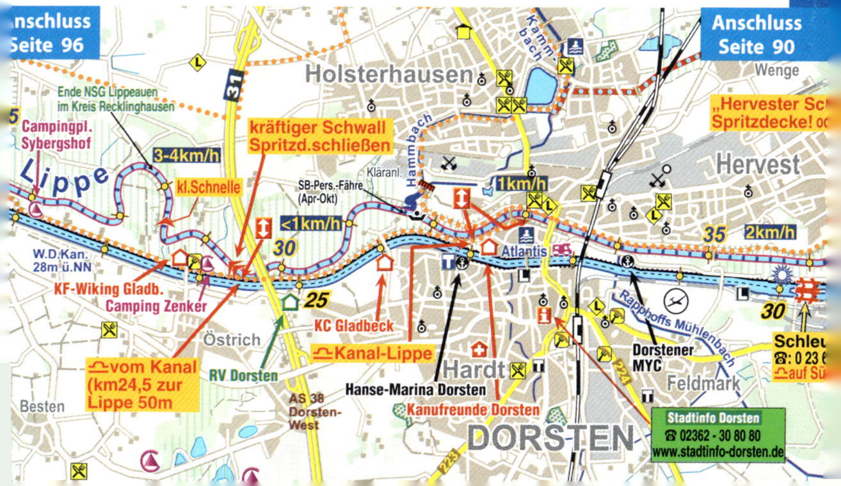

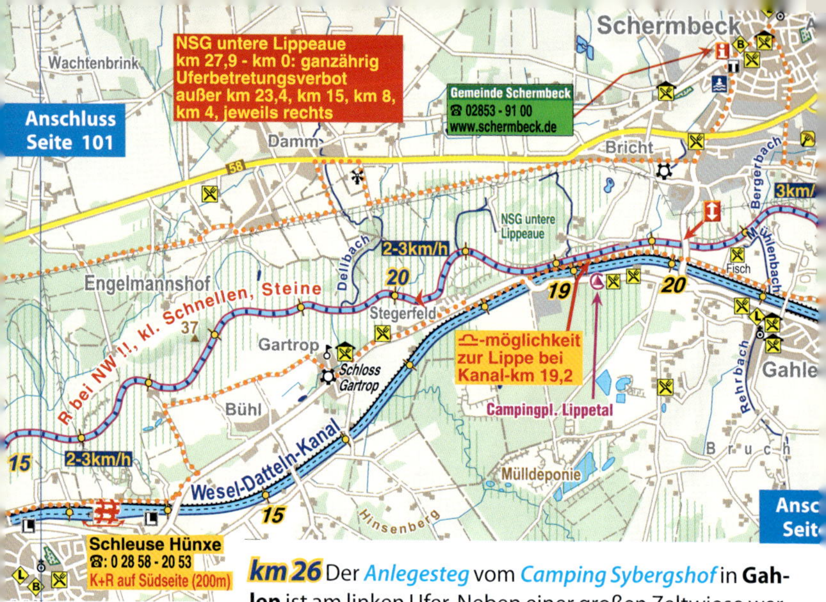

km 26 Der *Anlegesteg* vom *Camping Sybergshof* in **Gahlen** ist am linken Ufer. Neben einer großen Zeltwiese werden auch Mietwohnwagen und Blockhütten angeboten.

Camping Sybergshof
(02853) 55 83

In den folgenden zwei Kilometern mündet zuerst der ***Bergerbach*** von rechts, dann der ***Mühlenbach*** von links mit *Forellenzucht Naroda* und *Fischimbiss* *(Di-So 8-18)*.

km 23,4 Ein- / Ausstieg an der Brücke **Schermbeck** *(1 km Fußweg)*.

km 22,3 / Kanal km 19,2 Die Lippe fließt weit entfernt von Rad- & Wanderwegen oder gar Straßen durch Felder, Wiesen und Wälder. Unterhalb der Brücke zwischen **Gahlen** und **Schermbeck** zunächst schnurgerade. Insgesamt sind die Flusswindungen auf den letzten 20 Kilometern bis zur Mündung deutlich weitläufiger als bisher. Bis Krudenburg passieren wir mehrere kleine Inseln im Fluss. Bei niedrigem Wasserstand bekommt das Naturerlebnis dieser Tour durch kleine Kiesbankschwälle, seichte Stellen und enge Passagen eine abenteuerliche Note. Wieder können wir Kormorane, Graureiher, Haubentaucher und Eisvögel beobachten.

Campingplatz Lippetal
nur Online-reservierung
am Kanal Südufer

km 20,5 Am linken Ufer liegt hinter Bäumen versteckt das zum Hünxener Ortsteil **Gartrop** gehörende **Stegerfeld**.

kleiner Schwall

Über einen *Kiesbankschwall* geht es an einer Insel vorbei. Von rechts mündet der ***Dellbach***, von links der ***Gartroper Mühlenbach***. Nach der Tour lohnt auf jeden

Fall der Besuch des nur wenige Hundert Meter entfernten **Wasserschlosses Gartrop.** *Fast lebensgroße Sandsteinstatuen der Göttinnen Athene und Concordia von Johann W. Gröninger wachen links und rechts auf Pfeilern. Neben der Wassermühle, den beiden Torhäusern und der Vorburg besteht die Schlossanlage aus dem Herrenhaus im Stil niederländischen Barocks, der Schlosskapelle und einem englischen Landschaftsgarten. 1375 wurde erstmals ein Burghaus an dieser Stelle erwähnt. Im Nordwestflügel ist noch Bausubstanz aus dieser Zeit vorhanden.*

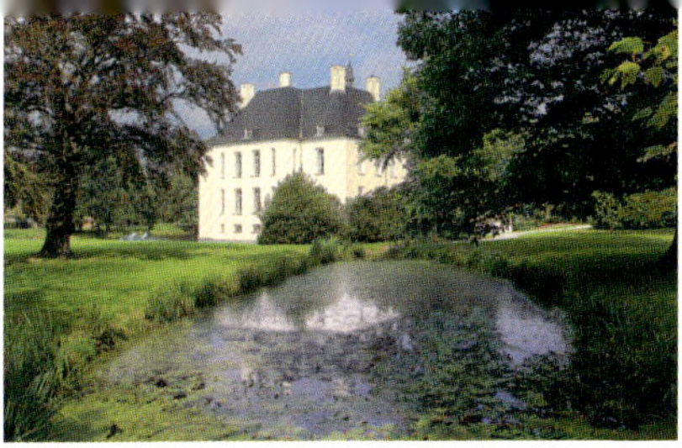

Im ***Schlosshotel*** lässt es sich sehr stilvoll übernachten, im zugehörigen ***Schloss-Restaurant „Mon Petit Chou"***, bei kulinarischen Köstlichkeiten *(nur Menüs)* ein Eindruck von der tollen Schlossanlage gewinnen. Führungen werden am ersten Donnerstag jedes Monats angeboten.

Schlosshotel & Restaurant Mon Petit Chou
(02858) 91 75 70

Gute vier Kilometer genießen wir nun noch die Ruhe bis zur Straßenbrücke zwischen **Hünxe** und **Drevenack** (Dinslakener Straße). Das südlich gelegene Hünxe ist idealer Ausgangsort für kürzere ***Wanderungen im Naturpark Hohe Mark-Westmünsterland.***

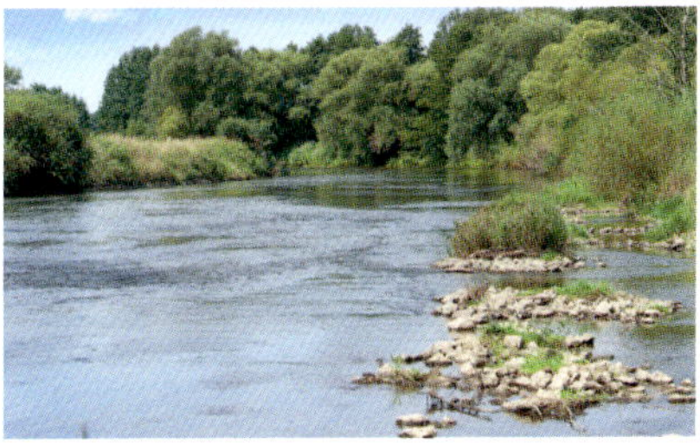

50 Meter vor der Brücke befindet sich am rechten Ufer *eine Rampe*. Von dort aus kann man unter der Brücke hindurch nach **Krudenburg** laufen. In direkter Nähe zur Lippe liegt die *Paddelstation Krudenburg*.

Diese Tagestour kann man am Wochenende *(Ostern bis Oktober)* bei Kaffee und Kuchen oder einer Waffel an der *Dudel-Bude* ausklingen lassen.

Der historische, restaurierte Ortskern des alten Lippe-Treidler-Dorfes Krudenburg steht komplett unter Denkmalschutz. Der 1363 erstmals urkundlich erwähnte Ort wurde mehrfach im Wettbewerb „Unser Dorf soll schöner werden" ausgezeichnet. Das Burghaus Krudenburg ist ein ehemaliger Rittersitz, von dem heute noch ein zweigeschossiger Turm erhalten ist. Auf

km 15

(WoEnde)

Paddelstation Krudenburg
0170-346 60 47

Dudel-Bude
(02858) 917 81 97
Sa-So+Fei 12-18

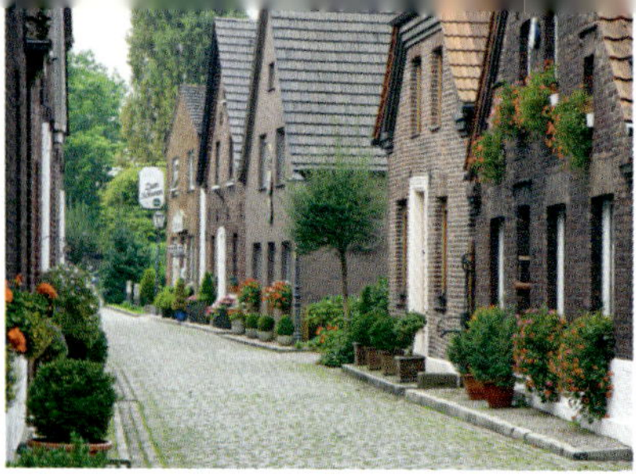

den historischen Grundmauern anderer Burgteile errichtete man moderne Gebäude. Die Lippe wurde hier seit der Römerzeit als Schifffahrtsweg genutzt. Ab Beginn des 19. Jahrhunderts wurden, nach dem Bau einiger Schleusen, Kähne und Segelschiffe getreidelt. Die bei Krudenburg in der Lippe verankerte Wassermühle musste beiseite geschoben werden, wenn Schiffe passieren wollten. Sie wurde 1827 abgebaut. 1876 wurde die Handelsschifffahrt auf der Lippe endgültig durch die Eisenbahn verdrängt.

Tagestour 15: **Krudenburg bis Wesel, 15 km**

Weiter durchs Naturschutzgebiet Lippeaue bis zur Mündung in den Rhein.

Ein- und Aussteigen nur an den offiziellen Stellen (km 15, km 8, km 4).

Touranbieter: ***Lippe-Kanu-Touren, Paddelstation Krudenburg.***

km 15 Nach dem Start in **Krudenburg** paddeln wir bei Kilometer 13,3 unter der Autobahnbrücke hindurch. Schon bald herrscht eindrückliche Stille. Durch die ***Landschaftsschutzgebiete Lippeaue, Pliesterbergsche Sohlen*** und ***Lippealtarm Obrighoven*** geht es über mehrere ***Kiesbankschwälle*** vom Münsterland zum Niederrhein. Durch weite Mäander bringt uns die Strömung zügig voran.

kleine Schwälle

km 8,5 So taucht etwa eine Stunde nach dem Start am rechten Ufer das Umspannwerk Wesel des Betreibers RWE auf.

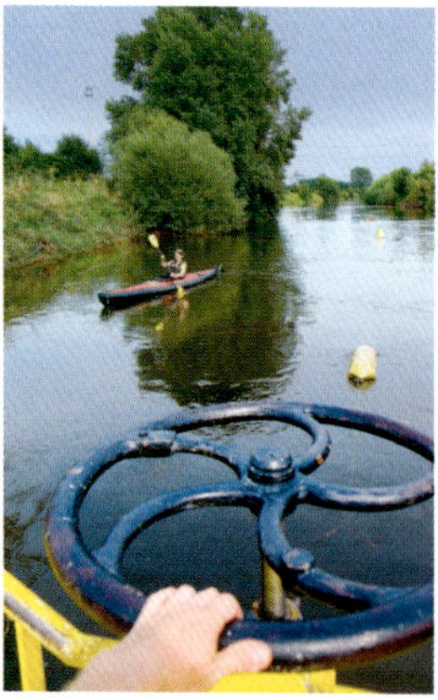

km 8 Unterhalb davon haben von April bis Oktober Radfahrer und Fußgänger die Möglichkeit, mit der knallgelben ***Gierseilfähre „Quertreiber"*** in Selbstbedienung den Fluss zu queren. Wer das Ruder optimal zur Strömung einstellt, gelangt ohne viel anstrengendes

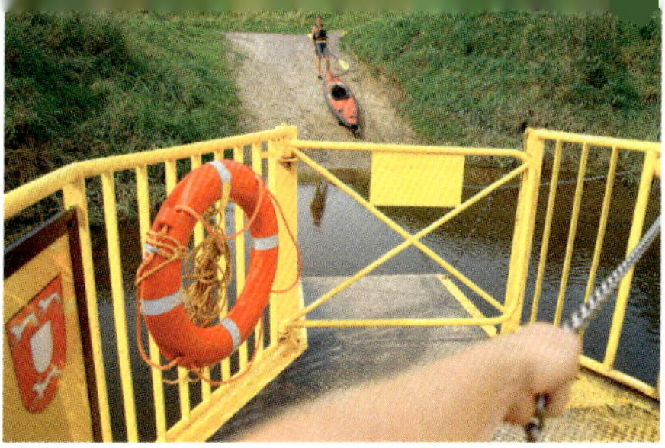

Gezerre an den Ketten von einer Seite zur anderen, wo jeweils auch mit dem Kajak an einer Rampe angelandet werden kann. Ein Tisch und Bänke am Fähranleger laden zur Rast. Beim Passieren halten sich Paddler rechts von den gelben Bojen. *Die Lippefähre wurde 2006 mit dem Deutschen Fahrradpreis „best-for-bike" in der Kategorie „Fahrradfreundlichste Entscheidung" ausgezeichnet.*

km 4

Durch drei weite Schleifen kommen wir zwischen Wiesen hindurch nach **Wesel**. Vor einer Linkskurve können wir am rechten Ufer in einer kleinen Bucht an Rampe und Treppenstufen bei den *Kanu-Freunden-Lippe Wesel* anlegen. Direkt neben dem Clubhaus betreibt der Lippeverband die *Zeltplatzwiese am alten Lippehafen Wesel* mit *Biergarten*.

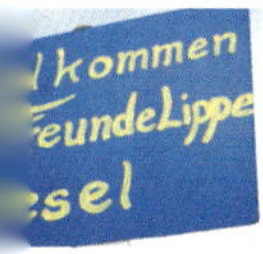

Biergarten & Zeltplatzwiese am alten Lippehafen Wesel
0176-80 17 63 80

Bis zum Bahnhof Wesel sind es von hier knapp zwei Kilometer. Auf dem Weg liegt das bis zum Jahre 1956 in Betrieb befindliche *Alte Wasserwerk* *(Foto unten)* an der Lippe in der Fusternberger Straße 90. Das technische Denkmal kann auf Anfrage besichtigt werden.

Altes Wasserwerk
(0281) 966 02 42

Wesel

Wesel *hat seinen Ursprung in einem fränkischen Gutshof, der Anfang des 8. Jh. erstmals urkundlich erwähnt wurde. Im Zweiten Weltkrieg wurde die Stadt weitestgehend zerstört.*

Für eine Kunstaktion stellte man 111 lebensgroße Esel aus Hartplastik entlang des „Eselpfades" quer durch die Stadt auf. Über 30 Künstler, Schulklassen, Kindergärten und Seniorenheime gestalteten die Tiere: mit interessanten Stadtansichten, abstrakten Kunstwerken und Bildnissen z.B. von Napoleon, Aphrodite, aller Weseler Bürgermeister nach dem Zweiten Weltkrieg oder Dolly Buster. Die tschechische Ex-Pornodarstellerin lebt in Wesel.

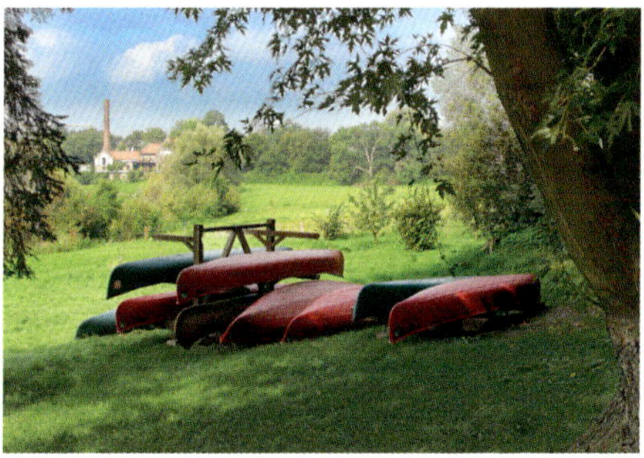

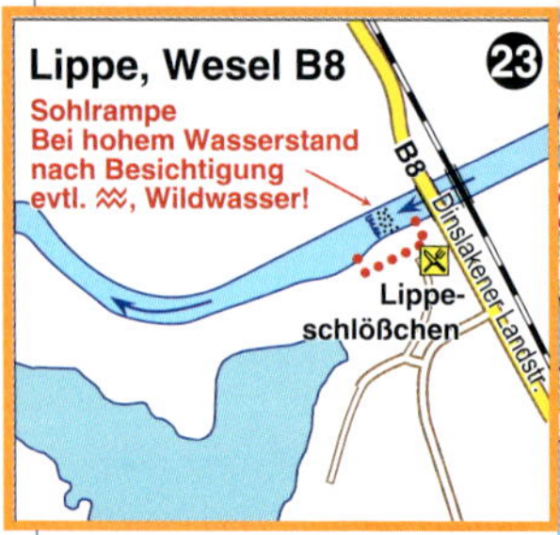

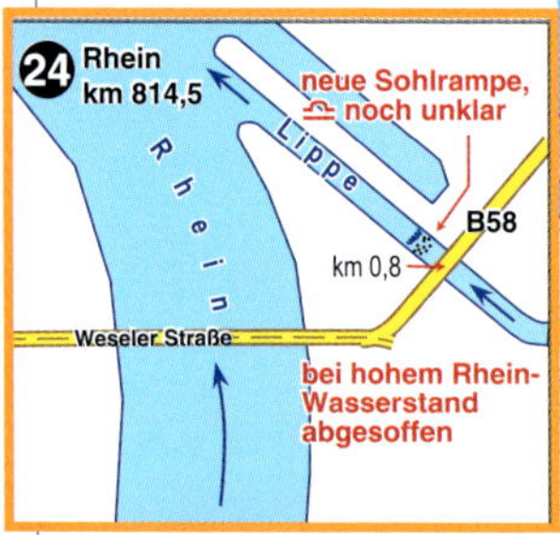

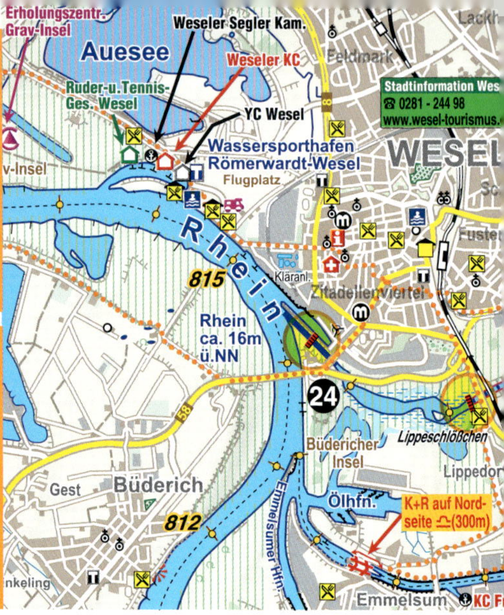

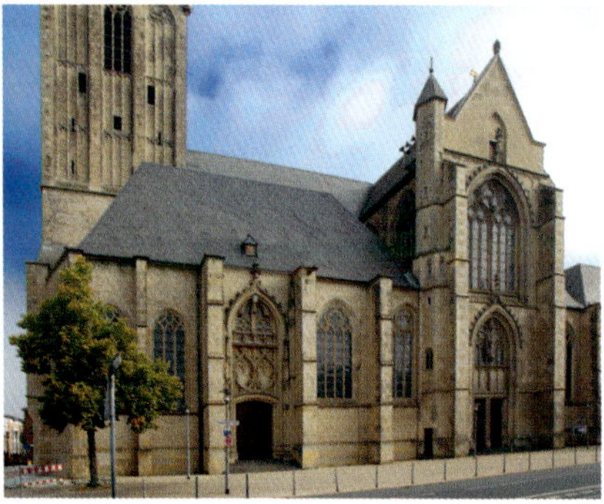

Die Stadt Wesel regte sich nicht über das Echospiel „Wie heißt der Bürgermeister von Wesel?" Echo: „Esel!" auf. Sie nutzte es vielmehr als Chance. Sie machte den Esel zu ihrem Markenzeichen und Werbesymbol. Hier wurde im September 1990 das erste deutsch-deutsche Eseltreffen veranstaltet und der „Esels-Orden" wird verdienten Personen des öffentlichen Lebens verliehen.

Strömumg

Auf den letzten Kilometern herrscht ***bei Rhein-Niedrigwasser starke Strömung.*** Nach anderthalb Kilometern passieren wir eine Eisenbahnbrücke und die Straßenbrücke der B 8 (Dinslakener Landstraße / Hindenburgstraße).

km 2,4

Restaurant Lippeschlößchen
(0281) 44 88

Wer die Tour im ***Restaurant „Lippeschlößchen"*** ausklingen lassen möchte, und nur der, darf unter der Stahl-Straßenbrücke aussetzen. *Das Schlößchen wurde schon zu Napoleons Zeiten als Offizierscasino der Besatzung des Forts Blücher genutzt.* Heute legt die Familie Langhoff großen Wert auf hohe (Bio-)Qualität der Zutaten aus der Region.

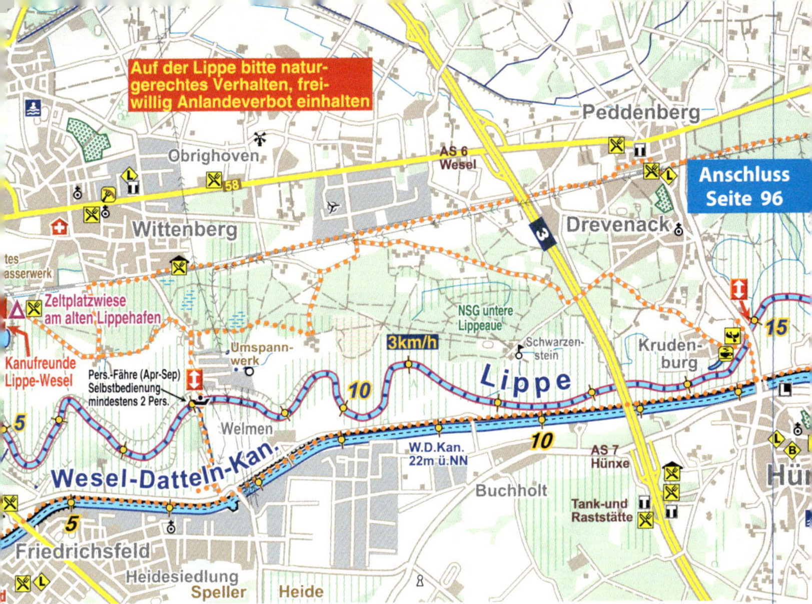

Unterhalb der beiden Brücken ist eine *Sohlrampe* zu befahren. Besser vorher besichtigen und gegebenenfalls links umtragen.

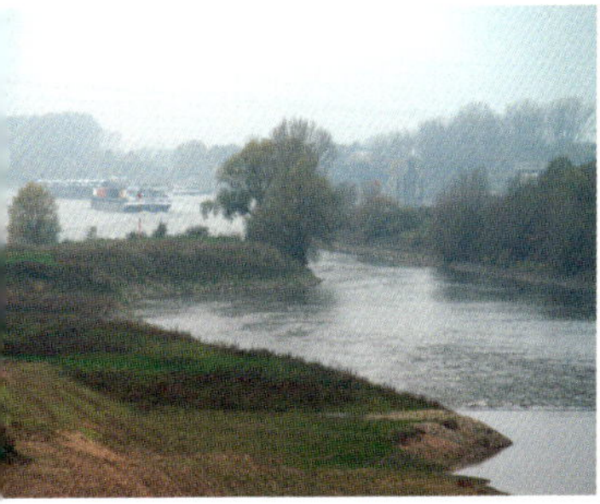

Nach einer weiteren Straßenbrücke (B 58, Schillstraße) und der *letzten Sohlrampe* (evtl. links umtragen) mündet die Lippe schließlich bei Rhein-Kilometer 814,5 in den *Rhein*.

Die Rheinströmung nimmt uns schnell mit. Nach zwei Kilometern finden wir rechts in einem ***Seitenarm*** die *Anlegestege mehrerer Vereine*.

Dann könnte man bei schönem Wetter die Tour auch am großen Sandstrand des *Naturbades Auesee* ausklingen lassen.

Alternativ kann man die Tour auch gut einen Kilometer weiter am *Erholungszentrum Grav-Insel*, dem größten Campingplatz Deutschlands, am rechten Ufer beenden.

Sohlrampe
fahrbar oder links umtragen
s. Detailskizze **23**

Sohlrampe
fahrbar oder links umtragen
s. Detailskizze **24**

km 0 / Rhein 814,5

Mündung

Rhein 816,5

Auesee
(0281) 272 29

Rhein 818,1

Erholungszentrum Grav-Insel
(0281) 97 28 30

Wichtige Adressen (in alphabetischer Ortsreihenfolge)

Übernachtung in Wassernähe

Die Übernachtungsmöglichkeiten an der Lippe sind weniger zahlreich und komfortabel zu erreichen als an manch anderen Flüssen. Wer aber genauer schaut und bereit ist, sein Kanu auch ein paar Meter mit dem Bootswagen zu ziehen/schieben, findet doch Campingplätze, Pensionen und Hotels, die nicht besonders weit vom Fluss entfernt liegen. Da viele Anbieter an der Lippe auf Fahrradtouristen eingestellt sind, ist auch das Unterstellen von Kanus meist kein Problem.

Dolberg (59229 Ahlen-Dolberg)

KV Ahlen (DKV-Station), Uentroper Str. 50, Tel. (02388) 25 79, www.kv-ahlen.de

TV Beckum, Uentroper Str. 42, Tel. (02521) 821 65 66 oder 01512-414 29 51, www.tv-beckum.de

Dorsten (PLZ 46282)

Reisemobilhafen „An der Lippe", **kein Zelten erlaubt!** Zur Lippe (Ecke Crawleystr.), Tel. (02362) 95 17 22 70, www.womodo.de

Gartrop (OT von 46569 Hünxe)

Schlosshotel Gartrop, Schlossallee 4, Tel. (02858) 91 75 70, www.schlosshotel-gartrop.de

Gladbeck (OT von 46282 Dorsten)

Kanu-Freunde Wiking Gladbeck, Brückenweg 265, Tel. (02043) 537 97, www.kanufreunde-wiking.de

Haltern (PLZ 45721)

PG „Nasse Brüder" Haltern, Recklinghäuser Str. 147 c, Tel. 0172-928 60 74 (übernachten nur am Wochenende, im Bootshaus anmelden)

Kanuclub Hamm-Marl (DKV-Station), Recklinghäuser Straße 147 b, (Anmeldung beim Hausmeister-Ehepaar vor Ort), www.kch-marl.de

Hamm (PLZ 59065, 59071 & 59073)

Gästehaus der Stadt Hamm (Schloss Oberwerries, Gästezimmer im Torbogenhaus), Zum Schloss Oberwerries 1, 59073 Hamm, Buchung: Tel. (02381) 17 35 32 oder wiesemeiers@stadt.hamm.de / schloss-oberwerries@stadt.hamm.de

KV Werries, Lippestraße 115, 59071 Hamm, www.kv-werries.de

Kanu-Club Heessen, Fährstraße 6, 59073 Hamm, Tel. (02381) 322 12 oder 397 92

Hotel-Restaurant „Bootshaus", Fährstraße 7, 59073 Hamm, Tel. (02381) 98 76 50, www.bootshaus-hamm.de

Ruderclub Hamm von 1890, Jupp-Eickhoff-Weg 2, 59065 Hamm, Tel. (02381) 326 72, www.ruderclubhamm.de

Hervest (OT von 46284 Dorsten)

Hotel Grütering, Glück-Auf-Str. 313, Tel. (02362) 201 70, www.hotel-gruetering.de

Hotel Jägerhof Einhaus, Dorfstr. 3, Tel. (02362) 710 89, www.jaegerhof-einhaus.de

Herzfeld (PLZ 59510 Lippetal-Herzfeld)

Bed & Breakfast Haus Tourneur, Lippborger Str. 15, Tel. (02923) 972 90 17 www.haus-tourneur.de

Hovestadt (PLZ 59510 Lippetal-Hovestadt)

Gasthof Rodehüser, Bahnhofstr. 13, Tel. (02923) 370

Hünxe (PLZ 46569)

Camping Lippetal (am Wesel-Datteln-Kanal), Gahlenerstr. 159, Onlinereservierung über Website, www.campingplatz-lippetal.de

Lippborg (PLZ 59510 Lippetal-Lippborg)

Gasthof Willenbrink, Hauptstr. 10, Tel. (02527) 208, www.willenbrink.de

Lippstadt (PLZ 59555 & 59557)

WSC Lippstadt (DKV-Station), Esbecker Str. 1, 59557 Lippstadt, Anfrage Übernachtung über Kontaktformular, vorstand@wsc-lippstadt.de, www.wsc-lippstadt.de

City Hotel Lippstadt, Lange Straße 1, 59555 Lippstadt, Tel. (02941) 50 33, www.city-hotel-lippstadt.de

Hotel-Restaurant „Der Hülshoff" (200 m mit Kanuwagen), Am Friedhof 4, 59555 Lippstadt, Tel. (02941) 612 79, www.der-huelshoff.de

Quality Hotel Lippstadt, Lippertor 1, 59555 Lippstadt, Tel. (02941) 98 90, https://quality-hotel-lippstadt.h-rez.com

Lünen (PLZ 44534)

Hotel An der Persil-Uhr, Münsterstr. 25-27, Tel. (02306) 700 90, www.persiluhr.de

Ringhotel am Stadtpark (WoMo-Stellmöglichkeit im Hinterhof), Kurt-Schumacher-Str. 43, Tel. (02306) 201 00, www.ringhotel-luenen.com

Mantinghausen (OT von Geseke)

Ski- & Kanufreunde Geseke (zelten nur anlässlich Veranstaltungen möglich), Bootshaus zwischen Verlar & Mantinghausen, Tel. (02942) 977 31 49, www.skfgeseke.de

TuS Mantinghausen (nach telef. Anmeldung beim Bootshauswart kann die 200 Meter vom Fluss entfernte Zeltwiese genutzt werden), Holtwiesenweg, Anmeldung ausschließlich telefonisch: Tel. (02948) 949 75 41, www.kanumantinghausen.de

Östrich (OT von 46282 Dorsten)

Campingplatz Zenker, Brückenweg 280, Tel. (02362) 33 31, www.campingplatz-zenker.de

Olfen (PLZ 59399)

Hotel Restaurant „Zur Rauschenburg", Lehmhegge 22, Tel. (02363) 319 11, www.hotel-rauschenburg.de

Paderborn (PLZ 33104 Paderborn-Schloß Neuhaus)

Camping Am Waldsee, Husarenstr. 130, Tel. (05254) 73 72, www.am-waldsee.de

Paderborn (PLZ 33102)

Kanu-Club-Paderborn e.V., Fürstenweg 10a, an der Pader, zelten nur für DKV-Mitglieder: bootshauswart@kanu-club-paderborn.de www.kanu-club-paderborn.de

Rünthe (OT von 59192 **Bergkamen)**

WoMo-Stellplatz am Yachthafen Marina Rünthe, Hafenweg 10a, Tel. 0172-972 25 75, www.wohnmobilhafen-bergkamen.de

Sande (PLZ 33106 Paderborn-Sande)

Hotel-Restaurant Meermeier, Ostenländer Str. 5, Tel. (05154) 54 23, www.hotel-restaurant-meermeier.de

Freizeit- u. Wohnpark am Lippesee, Hermann-Löns-Str. 165, Tel. (05254) 106 38 od. 0172-153 68 31 (Platzwart Johann Schiller), www.lippeseecamping.de

Schermbeck (PLZ 46514 Schermbeck/Gahlen)

Camping Sybergshof, Brückenweg 135, Tel. (02853) 55 83, www.camping-lippe.de

Stockum (OT von 59368 Werne)

Pension Rasche (Frühstück auf Anfrage), Sandbochumer Weg 2, Tel. (02389) 36 23, www.pension-rasche.de

bei Uentrop, aber gelegen in 59510 Lippetal

Campingplatz Uentrop, Dolberger Str. 80, Tel. (02388) 437 oder 0172-230 07 47, www.camping-helbach.de

Hotel Helbach 800°, Dolberger Str. 80, Tel. (02388) 23 30, www.hotel-helbach.de

Wesel (PLZ 46483 & 46487)

Biergarten und Zeltplatzwiese am alten Lippehafen Wesel (Mai-Sep), DKV-Mitglieder ermässigt, Am Lippehafen 16, 46483 Wesel, Tel. 0176-80 17 63 80, www.kanu-nrw.de >Service >Zeltplatz Wesel

Erholungszentrum Grav-Insel, Gravinsel 1, 46487 Wesel, Tel. (0281) 97 28 30, www.grav-insel.com

Kanuvermieter & Kanutouren-Veranstalter

Die meisten Adressen der Anbieter sind Büro- oder Privatadressen. Fast alle Tourenveranstalter und Kanuvermieter haben keine feste Vermietstation an der Lippe, sondern sprechen mit den Kunden die gewünschte Tour und Einstiegsstelle ab.

Blomberg (PLZ 32825)

Kanutouren Till Merkord, Residenzstr. 104, Tel. (05236) 889 76 89 od. 0175-347 34 56, www.kanute.de

Bönen (PLZ 59199)

WasserFest (Kanu-Sport-Outdoor-Reisen), Hubertstr. 17, Tel. 0172-539 43 86, www.wasserfest.net

Dorsten (PLZ 46282)

Lippe-Kanu-Touren, Georgstr. 4, Tel. (02362) 60 66 32 und *Lippe-Kanu-Station am Atlantis-Parkhaus* (Konrad-Adenauer-Platz 1) bietet an Wochenenden und Feiertagen die Möglichkeit, auch spontan zu einer Tagestour nach Schermbeck oder Krudenburg zu starten, Tel. 01577-613 74 09, www.lippe-kanu-touren.de

Lippepiraten, Vennstr. 120, Tel. 0177-647 00 14, www.lippepiraten.de

Halle/Westf. (PLZ 33790)

BEOconcept (Kanutouren & Outdoor-Events), Hagedornstr. 29, Tel. (05201) 62 63, www.beo-concept.de

Hamm (PLZ 59073)

Kanuverleih Harry Hengst, Kleistr. 53, Tel. (02381) 322 12, www.kanuhengst.de

Holsterhausen (OT von 46284 Dorsten)

Bootsverleih Captain Lippe, Idastr. 8, Tel. 0176-75 81 28 13, www.bootsverleih-captain-lippe.de

Krudenburg (PLZ 46569 Hünxe-Krudenburg)

Paddelstation Krudenburg, Lippeweg 17, Tel. 0170-346 60 47, www.paddelstation-krudenburg.de

Lippstadt (PLZ 59555)

Gamann Kanus, Jahnweg 7a, Tel. (02941) 799 39 oder 0171-580 14 40, www.gamann-kanus.de

Kanutouren Deppe, Am Lempkenkamp 5, Tel. (02941) 92 24 90, www.kanutouren-deppe.de

Lünen (PLZ 44534)

Lippetouristik, Alstedder Str. 33, Tel. *(Di-Fr 9-13)* (02306) 78 10 07 od. 0172-878 66 68, www.lippetouristik.de

Paderborn-Sande (PLZ 33106)

Freizeit- u. Wohnpark am Lippesee, Hermann-Löns-Str. 165, Tel. (05254) 106 38 oder 0172-153 68 31, www.lippeseecamping.de Kanuvermietung über www.kanute.de

Fahrradvermieter

Dorsten (PLZ 46282)

Reisemobilhafen „An der Lippe" (Elektrofahrräder), Zur Lippe (Ecke Crawleystraße), Tel. 01522-214 47 44 oder 0176-11 66 34 61, www.stadtinfo-dorsten.de

Radstation Dorsten (am Busbahnhof, Mo-Fr), Europaplatz, Tel. (02362) 95 27 63, www.rebeq.de/radstation/dorsten

Haltern am See (PLZ 45721)

Radstation Haltern am See, Roost-Warendin-Platz 3 (neben dem Bf Haltern-Mitte), Tel. (02364) 930 22 13, www.radfahren-haltern.de/radrouten/radstation

Hamm (PLZ 59065)

Radstation Hamm (am Hbf, Mo-Fr), Willy-Brandt-Platz 1, Tel. (02381) 92 71 91, www.radstation-hamm.de

Lippstadt (PLZ 59555)

Jörg Schulte-Hostede, Cappelstr. 13-15, Tel. (02941) 743 55 35, www.fahrrad-lippstadt.de

Lünen (PLZ 44534)

Radstation Lünen Hbf (Mo-Fr), Münsterstr. 54, Tel. (02306) 723 93, www.dasdies.de/radstationen/luenen-hbf

Radstation Lünen Markt (Mo-Fr), Im Hagen 3, Tel. (02306) 26 88 69, www.dasdies.de/radstationen/radstation-luenen-city

Paderborn (PLZ 33102, 33106 & 33098)

Radstation (Mo-Fr), Bahnhofstr. 36 (gegenüber Hbf), Tel. (05251) 87 07 40, www.paderborn.de/sport-freizeit/aktive-freizeit/radfahren/service/radstation.php

Feine Räder, Heiersstr. 24, Tel. (05251) 417 77 55, www.paderborn.feineraeder.de

2-Rad Schwede, Frankfurter Weg 32 a, Tel. (05251) 753 70, www.2-rad-schwede.de

Sande (PLZ 33106 Paderborn-Sande)

Freizeit- u. Wohnpark am Lippesee, Hermann-Löns-Str. 165, Tel. (05254) 106 38 oder 0172-153 68 31, www.lippeseecamping.de

Werne (PLZ 59368)

Radstation Werne Bahnhof (Mo-Fr), Am Bahnhof 9, Tel. (02389) 780 23 20, www.dasdies.de/radstationen/radstation-werne-bahnhof

Sehenswürdigkeiten

Anreppen (OT von 33129 Delbrück)

Römerlager Anreppen, Trösterbruch/Ecke Am Römerlager, Führungen können bei der Stadt Delbrück (Tel. (05250) 99 61 12) oder beim Heimatverein Anreppen (Tel. (05250) 998 79 10) angefragt werden, www.anreppen.de

Bergkamen (PLZ 59192)

Umweltzentrum Westfalen & Ökologiestation des Kreises Unna, Westenhellweg 110, Tel. (02389) 980 90, www.oekologiestation.info und www.uwz-westfalen.de

Panorama-Bergehalde „Großes Holz", schöne Naturräume und Aussichtspunkte, www.ruhrgebiet-industriekultur.de/halde-grosses-holz

Dorsten (PLZ 46282)

Jüdisches Museum Westfalen, Julius-Ambrunn-Str. 1, Tel. (02362) 452 79, *Di-Fr 10-12.30+14-17, Sa,So+Fei 14-17, Eintritt 5 €, erm. 2,50 €,* www.jmw-dorsten.de

Freizeitbad Atlantis Dorsten, Spassbad, Wellness & Sauna, Konrad-Adenauer-Pl. 1, Tel. (02362) 951 70, *tgl. 9/10-21/22, ab 11 €, erm. ab 8 €,* www.atlantis-dorsten.de

Haltern am See (PLZ 45721)

LWL-Römermuseum, Weseler Str. 100, Tel. (02364) 937 60, *Di-Fr 9-17, Sa, So+ Fei 10-18, Eintritt 6 €, bis 17 Jahre frei, erm. 3 €,* www.lwl-roemermuseum-haltern.de

Hamm (PLZ 59065, 59071 & 59073)

Sri-Kamadchi-Ampal-Tempel, Siegenbeckstr. 4-5, Tel. (02388) 30 22 23, *(tgl. 8-13 + 17-19, Poojai/Gottesdienste: tgl. 8, 12+18,* www.hinduistische-gemeinde-deutschland.de

Schloss Oberwerries (Bildungsstätte, auch Bett & Bike), Tel. (02381) 17 35 35 oder (02388) 13 44, www.hamm.de/schloss-oberwerries.html

Maximare Erlebnistherme, Aquawelt, Wellness & Sauna, Jürgen-Graef-Allee 2, *Aquawelt ab 10,50 €, erm. 7,50 €, inkl. Sauna ab 22 €, tgl. 8/9-22/23,* www.maximare.com

Heintrop (59510 Lippetal-Heintrop)

Sändkers Windmühle, Heintroper Str. 3, Tel. (02307) 663 38 99, *geöffnet Mai-Sep jeden 1. Sa im Monat 14-17, Pfingstmontag „Deutscher Mühlentag", Aug: Lippetaler Fahrradthon, Sep: Tag des offenen Denkmals, Eintritt 3,- / 2.- €,* www.saendkers-muehle.de

Hovestadt (59510 Lippetal-Hovestadt)

Schloss Hovestadt (privat), Schlosskapelle & Barockgarten nur angemeldete Führungen: Tel. (02923) 98 02 28, Schloßstr. 1, https://schloss-hovestadt.de

Lippstadt (PLZ 59555)

CabrioLi, Kombibad innen und aussen mit Textilsauna, Bückeburger Str. 10, Tel. (029 41) 20 94 90, *tgl. 8-21, Eintritt ab 4,40 €, erm. 3,30 €,* www.cabrioli.de

Bad Waldliesborn (OT von 59556 Lippstadt)

Walibo Therme, Thermalsolebad & Sauna, Quellenstr. 60, Tel. (02941) 800 12 53, *tgl. 7.30-21, Eintritt ab 9 €, erm. ab 4,50 €,* www.walibo-therme.de

Lippholthausen (OT von 44536 Lünen)

Schlossmühle Lippholthausen, Mühlenweg 1, Tel. (02306) 512 66, *Besichtigung auf Anfrage,* www.schlossmuehle.info

Olfen (PLZ 59339)

Tier- und Freizeitpark Gut Eversum, Eversumer Straße 77, Tel. (02595) 38 52 25, *Ostern bis Ende Okt, tgl. 9-18, Eintritt 8 €, erm. 6 €,* www.gut-eversum.de

Paderborn-Schloß Neuhaus (PLZ 33104)

Schloss- & Auenpark, Im Schloßpark 10, *Eintritt frei,* www.schlosspark-paderborn.de

Residenzmuseum, Residenzstr. 2, Tel. (05251) 881 10 65, *Di-Fr 14-18, Sa+So 10-18,* www.paderborn.de/microsite/residenzmuseum

Sammlung Nachtmann (Glas- und Keramiksammlung), Im Schloßpark 9, Tel. (05251) 881 10 52, *Di-Fr 14-18, Sa+So 10-18,* https://foerderkreis-schlossneuhaus.de

Kunstmuseum im Marstall, Im Schloßpark, Tel. (05251) 881 10 52, *Di-So 10-18,* www.paderborn.de/microsite/kunstmuseum_im_marstall/index.php

Städtische Galerie in der Reithalle, Im Schloßpark 12, Tel. (05251) 881 10 76, *Di-So 10-18,* www.paderborn.de/microsite/galerie_in_der_reithalle/index.php

Naturkundemuseum, Im Schloßpark 9, Tel. (05251) 881 10 52, *Di-So 10-18,* www.paderborn.de/microsite/naturkundemuseum

Eintritt in die oben genannten Museen: 2,50 €, erm. 2 €, jedes weitere Museum 1,50 €/1,00 €

Paderborn (PLZ 33098)

Stadtmuseum am Abdinghof, Am Abdinghof 11, Tel. (05251) 881 12 47, *Di-So 10-18, Eintritt 2,50 €, erm. 2 €, jedes weitere Städtische Museum in Paderborn 1,50 €/1,00 €* *www.paderborn.de/stadtmuseum*

Raesfeld (PLZ 46348, 10 km nördlich von Schermbeck)

Tiergarten & Naturparkhaus Schloss Raesfeld, Waldgebiet mit Wild-Tiergarten, um 1650 im Stil der Renaissance angelegt, nahe der historischen Schlossanlage Raesfeld.

Werne (PLZ 59368)

Solebad Werne, Am Hagen 2, Tel. (02389) 989 20, *Mo 14-20, Di-So 6/7-20/21, Eintritt 11,60 €, erm. 7,60 €,* www.solebad-werne.de

Karl-Pollender-Stadtmuseum (kulturhistorisches Museum im Alten Amtshaus), Kirchhof 13, Tel. (02389) 78 07 73, *Di-Fr 10-12 + 14-17, So 14-17,* www.werne.de/de/leben-in-werne/stadtmuseum.php

Tourist-Infos

Stadtinfo Dorsten, Recklinghäuser Str. 20, 46282 Dorsten, Tel. (02362) 66 30 66, www.stadtinfo-dorsten.de

Tourist-Info Hamm „Die Insel" - Verkehr & Touristik, Willy-Brandt-Platz, 59065 Hamm, Tel. (02381) 234 00, www.verkehrsverein-hamm.de/tourist-info

Tourist-Info Haltern, Markt 1, 45721 Haltern am See, Tel. (02364) 93 33-65/-66, www.haltern-am-see.de

Stadtinformation Lippstadt im Rathaus, Lange Str. 14, 59555 Lippstadt, Tel. (02941) 585 15, www.lippstadt.de

Gemeinde Lippetal, Bahnhofstr. 7, 59510 Lippetal (Lippborg, Kesseler, Herzfeld, Hovestadt), Tel. (02923) 98 00, www.lippetal.de

Servicepoint Lünen im Rathaus, Willy-Brandt-Platz 1, 44532 Lünen, Tel. (02306) 104 17 78 oder 10 4-0, www.luenen.de/tourismus

Tourist-Info Paderborn, Königsplatz 10, 33098 Paderborn, Tel. (05251) 881 29 80, www.paderborn.de

Stadtinformation Wesel, Großer Markt 11, 46483 Wesel, Tel. (0281) 203 26 22, www.wesel-tourismus.de

Kanuverbände & Kanu-Zeitschriften

BVKanu Bundesverband Kanu, c/o BVWW, Gunther-Plüschow-Str. 8, 50829 Köln, Tel. (0221) 595 71-0, www.bvkanu.de

DKV Deutscher Kanu-Verband, Bertaallee 8, 47055 Duisburg, Tel. (0203) 99 75 90, www.kanu.de

Kanu-Verband NRW, Friedrich-Alfred-Str. 25, 47055 Duisburg, Tel. (0203) 738 16 53, www.kanu-nrw.de

Lippeverband (Wasserwirtschaftsverband zur Gewässerunterhaltung), Kronprinzenstraße 24, 45128 Essen, www.lippeverband.de

kajak magazin, Schulstr. 12, 76532 Baden-Baden, Tel. (07221) 952 10, www.wir-leben-outdoor.de

KANU-Magazin, Bajuwarenring 19, 82041 Oberhaching, Tel. (089) 55 24 10, www.kanumagazin.de

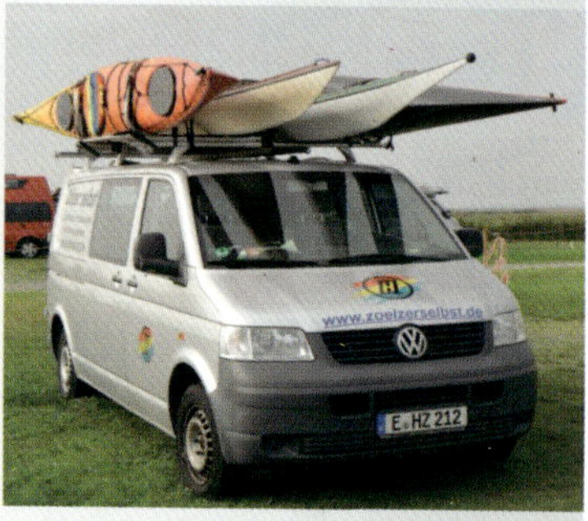

Der Autor

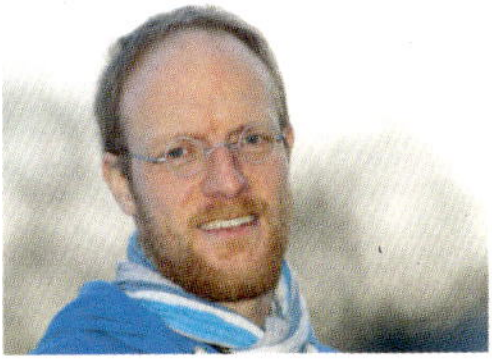

Stefan Schorr
Der freie Fotograf und Journalist hat sich auf maritime Themen spezialisiert und veröffentlicht in Wassersportmagazinen wie Yacht oder Kanumagazin. Er fotografiert für Firmen und Organisationen und bringt mit dem Kanu Kompakt Lippe seinen nunmehr fünften Paddelführer im Thomas Kettler Verlag auf den Markt. Stefan Schorr lebt mit seiner Familie in Bremen. Weitere Informationen zu seiner Arbeit www.stefanschorr.de

Der Kartograf

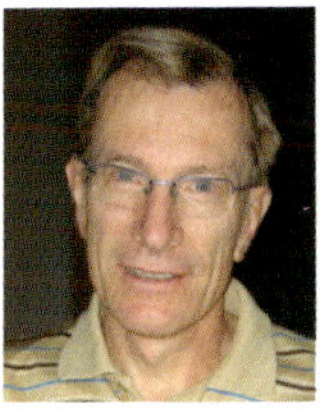

Jübermann - Kartographie und Verlag hat sich auf die Herstellung von Gewässerkarten für Wassersportler spezialisiert.

Karten, im Maßstab 1:100.000 und größer, sind in Bezug auf die Gewässer bzw. Wassersportinhalte im Gelände komplett überprüft. Jeder dargestellte Gewässer-km ist auch per Boot kontrolliert worden. Hier sind keine Schreibtischtäter am Werk, sondern passionierte Wassersportler ***www.juebermann.de***

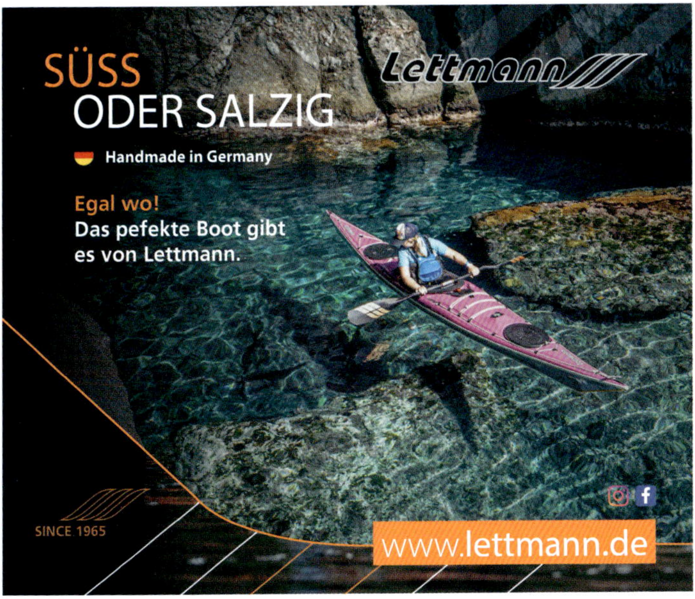

Register